아이들을 위한

목·공·D·I·Y

아이들을 위한
목공 DIY

아·이·들·을·위·한·
목·공·D I Y

목·공·D·I·Y

아이들을 위한

목공 DIY

아이들을 위한 **목공 DIY**

초판 인쇄일 _ 2008년 9월 5일

초판 발행일 _ 2008년 9월 12일

지은이 _ 양슈쥐엔(콘스탄스)

발행인 _ 박정모

발행처 _ 도서출판 혜지원

주소 _ 서울시 동대문구 장안 1동 420-3호

전화 _ 02)2212-1227, 2213-1227

팩스 _ 02)2247-1227

홈페이지 _ http://www.hyejiwon.co.kr

기획 · 진행 _ 강은혜, 유신향

교정 · 교열 _ 송유선

디자인, 본문편집 _ 지미숙

표지디자인 _ 박혜경

영업마케팅 _ 김남권, 황대일, 고광수, 서지영

ISBN _ 978-89-8379-571-7

정가 _ 9,800원

아이들을 위한

목공 DIY

혜지컨

CONTENTS

우리 가족만의 특별한 공간을 만들어 보자

콘스탄스를 알고 지낸 지는 벌써 10년이 넘었다. 내 기억 속의 그녀는 주위 사물로부터 새로운 것을 발견하는 재주가 있던 여대생이었다. 오랜만에 만난 그녀는 여전히 남들과 다른 에너지를 가지고 자신의 생활을 활기차게 꾸미고 있었다. 최근 몇 년간 우리는 서로 바빠 자주 만나지는 못했지만, 매번 콘스탄스의 집에 갈 때마다 새로운 영감을 받아 돌아오곤 했다.

작년 여름, 나는 몇 명의 학생들과 함께 콘스탄스의 집을 방문하였다. 도심에서 멀리 떨어진 숲속에 위치한 그녀의 집은 들어가는 입구부터 마치 동화 속 세계 같았다. 울창한 숲과 터널을 지난 다음 산비탈을 올라가면 나타나는 낡고 허름한 집이 바로 그녀의 집이다. 하지만 문을 열고 안으로 들어가면 콘스탄스가 직접 디자인하고 만든 갖가지 가구와 소품들이 손님을 반긴다. 실내 전체에는 따스함과 생기가 넘치고, 가구들의 소박한 질감, 조화로운 색채, 재치 있는 배치는 콘스탄스의 세련된 감각을 보여준다.

경제적으로 풍족하다고 해서 주거환경이 반드시 뛰어난 것은 아니다. 아무리 비싼 가구라 하더라도 집안 분위기와 동떨어져 있으면 공간을 불편하게 만들 뿐이다. 독특한 분위기와 디자인을 갖춘 특별한 집을 꾸미는 데에는 많은 돈을 쓸 필요가 없다. 단지 DIY 기술을 잘 활용한다면 콘스탄스처럼 창의적으로 가족을 위한 특별한 공간을 꾸밀 수 있을 것이다.

콘스탄스는 목재에 대한 애착을 가지고 그 질감을 살리기 위해 노력한다. 또한 공간의 특징과 분위기를 드러내기 위해 색채 조화를 연구하고 그것을 가구에 표현해낸다. 단순한 목재 가구도 그녀의 손을 거치면 새롭게 태어나 침실, 거실, 주방, 서재는 각기 특징과 용도에 따라 서로 다른 분위기를 가질 수 있게 된다.

콘스탄스는 자신의 경험과 노하우를 모두 이 책에 담았다. 직접 만드는 것에 대한 두려움을 버리고 책의 설명을 따라 차근차근 만들다 보면, 어느새 자신이 만든 가구와 소품들과 함께 즐거운 시간을 보내는 가족들을 볼 수 있을 것이다. 우리의 두 손에 마음을 담는다면 누구나 꿈에 그리던 행복한 집을 만들 수 있다.

대만 명전대학 디자인창작연구소 소장
채명훈

창의력 + 성취감 = 아름다운 생활

콘스탄스와 함께 책을 만드는 작업은 매우 유쾌한 일이었다. 매번 그녀의 집을 방문할 때마다 문이 한 짝 더 많아졌다든지, 테이블 하나가 추가되었다든지, 벽지의 색이 바뀌었다든지 등의 변화가 꼭 있었기 때문에 마치 보물찾기를 하는 기분이었다. 그동안 콘스탄스의 귀여운 딸 소피는 부쩍 자라 짓궂은 장난을 치기 시작하였고, 화단의 꽃은 다시 피어났다. 유일하게 변하지 않은 것은, 여전히 명랑하고 열정적인 콘스탄스와 가족들의 즐거운 일상이었다.

그녀의 집은 도심에서 떨어진 산림지역에 위치하고 있다. 이곳에서의 시간은 왠지 도시의 시간보다 느리게 흘러갈 것 같지만 사실 그렇지 않다. 또 콘스탄스의 창작 속도는 모든 예상을 초월한다. 그녀에게 DIY에 대한 조언을 구하려는 문의 전화와 사람들의 방문이 끊이지 않는다. 그들 역시 집으로 돌아가 자신이 만든 작품을 자랑스럽게 진열할 수 있게 되었다. 이렇게 창의성을 발휘하여 성취감을 느끼고, 공간과 생활을 아름답게 바꾸는 것이야말로 DIY의 참된 즐거움일 것이다. 덕분에 콘스탄스와 나는 이 책을 만드는 것에 보람을 느끼며 더욱 열심히 작업할 수 있었다.

물론, 완벽하고 정교한 책을 만드는 데에 있어서는 반복하고 기다려야 하는 인내심이 필요했다. 어려움이 닥칠 때마다 콘스탄스는 열정으로 극복하였고, DIY를 좋아하는 많은 사람들의 기대 덕분에 힘을 내어 계속할 수 있었다. 이 책에 소개된 세부적인 절차와 완성된 작품에 이르기까지 순조롭게 진행될 수 있도록 해준 콘스탄스와 사진작가 빈센트에게 깊이 감사하는 바이다.

올해 6살이 된 소피는 모든 방문객들의 귀염둥이이다. 창의적이고 활발한 소피는 엄마가 직접 손으로 꾸민 방에서 엄마가 만들어준 장난감을 가지고 놀며 콘스탄스의 창의성과 지혜를 몸으로 느끼며 자라고 있다.

DIY의 정신은 절대로 물질적인 가치를 따지는 것이 아니라, 작업 과정에서의 집중과 열정, 완성 후의 성취감과 생활의 변화가 가장 중요한 가치이다. DIY는 노력하는 정신과 아름다운 환경을 창조하고, 가족과 사람들 사이의 화목한 분위기를 만들어준다. 창의력 + 성취감 = 아름다운 생활, 이것은 바로 DIY의 공식이다.

대만 myhouse 출판사 편집장
장가오츠

누구나 '즐거운 목수'가 될 수 있다.

얼마전 대만에서 이 책이 출간된 이래, 많은 독자들께서 격려와 응원을 보내주셨습니다. 그분들과 저의 DIY 경험을 나눌 수 있게 되어 매우 기쁘고 감사하게 생각합니다. 게다가 이 책이 번역되어 한국 독자들과도 만나게 된다니, 상당히 흥분되고 감격스러울 따름입니다.

이 책은 DIY에 관심이 있지만 어떻게 시작해야 할지 모르는 초보 목수들을 위해 쓴 것입니다. 사진을 보며 차근차근 따라하다 보면 작품이 하나 둘 늘어날 것입니다. 어떤 어머니들은 아기를 위하여 책상이나 걸상을 만들고, 남편은 아내를 위하여 더욱 실용적이고 아름다운 주방을 만듭니다. 또 아내는 남편을 도와 CD꽂이를 만들고, 아버지는 아들을 위해 낙서 그림판을 만듭니다. 저는 이렇게 DIY의 물결이 점차 퍼져 많은 사람들이 직접 가구와 소품을 만들어보며 성취감을 느끼고, 더 나아가 쾌적한 주거 환경과 따스한 가정 분위기를 조성할 수 있기를 소망합니다.

이 책에는 저의 딸 소피의 어린 시절과 우리 가족의 생활이 기록되어 있습니다. 나중에 소피가 자라서 이 책을 펼쳐 보면 그 속에 담긴 엄마의 사랑을 느낄 수 있을 것입니다. 물론, 이 책은 저의 딸을 위해서만은 아닙니다. 이 세상의 모든 어린이들이 부모의 사랑과 함께하는 행복한 어린 시절을 보내기를 희망합니다.

특별히 사진작가 빈센트와 오랜 친구 제레미, 원고를 정리해준 크리스탈에게 감사를 드립니다. 그분들의 도움이 없었다면 오늘날 이 책은 나올 수 없었을 것입니다. 또한 독자 여러분의 격려와 지지에 감사드립니다. 머지 않은 미래에, 여러분 모두 '즐거운 목수'가 될 수 있기를 희망합니다!

constancewoodwork@yahoo.com.tw
양슈쥐엔
즐거운 목수가 되기를 바라며!

WOOD WORKS

소피의
즐거운 성장일기

소피의
즐거운 성장일기

비나 눈이 오는 날을 제외하고 매일 아침 저는 따뜻한 커피잔을 들고 옥상 위에 있는 의자에 앉아 아침햇살 아래에서 새들의 노래를 감상합니다. 우리 가족이 이 집으로 이사를 온 지도 벌써 2년이 다 되어 갑니다. 되돌아보면, 그동안 집을 단장하기 위해 했던 모든 노고가 헛되지 않은 것 같습니다. 사이먼은 서재에서 한가로이 책과 문학의 세계에 빠져들고, 소피는 매일 친구들을 데려와 놀면서 즐거운 하루하루를 보냅니다. 번잡한 시내와 동떨어진 이곳에서의 일상은 이렇게 단순하면서도 평안하고 행복합니다.

폐허와 같았던 원래의 집이 지금은 아름답고 쾌적한 안식처로 바뀌었지만, 여전히 저의 머릿속에는 더 꾸밀 것이 없을까 하는 생각으로 가득 차있습니다. 마치 여자들이 옷장을 보면 언제나 옷이 부족해보이고 아무리 옷이 많아도 채워지지 않는 옷 욕심과 같습니다. 한 가지 안타까운 것은, 새로운 아이디어와 계속 무언가를 만들고 싶어하는 두 손이 있지만 목공용 기계가 너무 비싸 목재 가공하기가 좀 힘들다는 것입니다.

아이가 더 좋아하는 DIY 가구

소피가 학교에 다니기 시작하면서 집안의 책은 점점 늘어나기 시작했습니다. 2개의 큰 책꽂이가 가득 차서 더 이상 책을 꽂을 자리가 없게 되자 드디어 그것을 핑계 삼아 딸아이의 방을 새롭게 꾸며보기로 하였습니다. 성격상 싸구려 플라스틱 가구는 취급하지 않고, 그렇다

고 비싼 원목 가구는 감당할 수 없기 때문에 역시 직접 만드는 것이 제일이었습니다. 적은 비용으로 남들과 다른 특별한 것을 추구하려면 스스로 만드는 수밖에 없습니다.

저는 소피의 방에 재미있는 책꽂이를 만들어 주고 싶었습니다. 책을 정리하고 장난감을 정리하는 것도 놀이처럼 즐길 수 있다면 아이의 정리정돈 습관을 기르는 데도 도움이 될 것입니다. 책꽂이는 반드시 사각형일 필요는 없습니다. 저는 개방형의 비행기 책꽂이와 밀폐형의 성 모양 책꽂이를 설계하였습니다. 비행기가 책꽂이 위에서 날아가는 것을 보면 남자아이들은 틀림없이 좋아할 것입니다. 또 여자아이들은 마법의 성처럼 생긴 책꽂이를 보면서 마치 자신이 성 안에 살고 있는 공주가 된 듯한 기분일 것입니다.

책꽂이 외에 그림그리기를 좋아하는 소피를 위한 칠판도 필요했습니다. 칠판은 아이들이 마음껏 낙서할 수 있고 말을 가르치거나 간단한 문제를 풀 때에도 효과적으로 사용됩니다. 집안에 칠판을 걸 수 있는 작은 벽면만 있다면 여러 가지 색의 분필만으로도 아이들의 상상력을 무궁무진하게 키울 수 있습니다. 저는 화이트보드보다 칠판을 선호하는 편인데 화이트보드에 사용하는 마카의 화학약품 냄새가 아이들에게 자극적이기 때문입니다. 그러나 마음에 드는 칠판이 없어 고민하던 중 우연히 어느 영국 잡지에서 합판 위에 아크릴 물감을 칠하여 칠판을 만드는 방법을 알게 되어 딸아이를 위해 세상에서 가장 예쁜 칠판을 만들기로 결심했습니다.

엄마가 직접 가구를 만들면 가장 좋은 점이 아이의 취향과 방 크기에 맞추어 가구의 크기와 디자인, 색깔을 마음대로 정할 수 있다는 것입니다. 또한 아이들도 엄마가 만들었다는 것을 알면 가구를 더욱 소중히 생각하게 되고, 어른이 되어서도 어머니가 자신을 위해 만든 것들을 그리워하게 될 것입니다.

소피의 즐거운 성장일기

할머니와 할아버지의 분주한 여름

저의 시어머니는 외동딸이고, 제 남편은 외동아들이고, 소피는 저의 외동딸입니다. 다른 친척들이 없기 때문에 해마다 여름이면 저희 세 가족은 멀리 스코틀랜드에 계시는 시어머니 댁으로 가서 즐거운 한 달을 보냅니다. 일 년에 단 한 차례의 방문이기에 매번 만날 때마다 서로 반가워서 어쩔 줄 모릅니다.

시어머니와 시아버지에게는 저희 가족이 방문하는 한 달이 일 년 중 가장 바쁜 기간입니다. 아침부터 저녁까지 소피와 함께 그림을 그리고, 케이크를 만들고, 달리기를 하고, 책도 읽어주십니다. 가끔 소피를 데리고 친구 집에 놀러 가시기도 하는데, 아직 시차에 적응하지 못한 저와 사이먼은 소피가 없는 틈을 타 실컷 잠을 잘 수 있습니다. 소피가 할머니 할아버지와 파이를 만들기 위해 체리를 따는 모습을 보면, 표정이나 웃음소리에서 행복이 가득 담겨있는 것을 알 수 있습니다.

소피는 평소 소리를 지르거나 예의 없이 굴 때가 있어 골칫거리였습니다. 하지만 스코틀랜드에서 지내는 동안에는 맑은 공기와 끝없이 펼쳐진 초원이 소피의 마음도 평화롭게 바꾸는 것 같습니다. 시어머니와 시아버지의 풍부한 학식과 소양, 우아한 행동은 소피에게도 영향을 미쳐 일 년 중에 가장 말을 잘 들을 때가 스코틀랜드에서의 한 달입니다.

사랑스러운 우리의 "몽키"

사람들은 왜 딸아이의 애칭이 "몽키"인지 궁금해 합니다. 사실 그것은 소피가 원숭이처럼 못생겼기 때문이 아니라, 아기 원숭이처럼 호기심이 많고 장난꾸러기인데다가 귀엽기 때문입니다.

이제까지 많은 사람들이 저희 집을 방문하였는데, 소피는 전혀 낯설어 하지 않고 오히려 먼저 다가가서 인사를 건넵니다. 기분이 좋을 때에는 손님들을 자기 방으로 데려가서 "여기 가구들은 엄마가 만들어 주신 거예요." 하고 자랑합니다. 유치원 친구들이 놀러오면 직접 집안

구석구석을 안내해주고 아끼는 장난감들을 꺼내서 재미있게 놀곤 합니다. 우리 "몽키"는 장난꾸러기인데다가 가끔 말을 잘 듣지 않지만, 독립적이고 따뜻한 마음씨를 가지고 있어 모두가 부러워합니다.

숲속의 새들은 "몽키"의 친구

집이 숲 속에 있기 때문에 언제나 새소리를 들을 수 있습니다. 이사를 온 지 1년이 지나자 새소리만 듣고도 무슨 새인지 알 수 있게 되었습니다. 집 주변에는 오색조, 까치, 붉은부리까마귀, 꾀꼬리 등이 자주 나타납니다. 처음 듣는 새소리가 들리면 꼭 창문을 열고 무슨 새인지 자세히 관찰하여 형태와 색깔을 적어놓았다가 인터넷에

서 새의 이름과 습성을 알아봅니다. 아름다운 깃털을 가진 물총새는 소피가 특히 좋아하는 새입니다. 학교 옆 개울가에는 종종 두세 마리가 나란히 앉아있는데, 소피는 개울가를 지날 때마다 조심스럽게 손을 흔들며 "안녕 새들아~ 내일 보자~" 하고 인사합니다.

개똥지빠귀와 함께한 추억

어느 여름, 책꽂이 위에 있는 창문을 교체하려다가 그 위에 새가 둥지를 튼 것을 발견하였습니다. 몇 주 후 둥지에서는 짹짹거리는 새들의 울음소리가 들려왔습니다. 소피와 함께 올라가보니, 둥지에는 갓 태어난 아기 새 4마리가 옹기종기 모여 있었습니다. 어미 새가 먹이를 물

소피의 즐거운 성장일기

고 돌아오기만 기다리고 있었던 것이었습니다.

그 후로 손님이 오면 소피는 손님을 창가로 데려가 어린 개똥지빠귀들을 보여주며 자랑하였습니다. 때로는 과장된 몸짓으로 어미 새와 다람쥐의 싸움 얘기를 들려주곤 했습니다.

한 달 간의 스코틀랜드 방문을 마치고 다시 집으로 돌아왔을 때는 아기 새들이 이미 다 커서 숲으로 날아간 뒤였습니다. 소피는 쓸쓸하게 남은 빈 둥지를 바라보며 어미 새가 다시 돌아와 알을 낳을 수 있냐고 물었습니다. 만약 정말 그렇게 된다면 빨리 창문을 바꾸어야 할 것입니다. 그래야 새들의 성장과정을 더욱 자세히 기록할 수 있을 테니까요.

다 그리기도 전에 떠나버린 독수리

설날을 앞에 둔 어느 날 오후, 소피는 따뜻한 벽난로 옆에 엎드려 그림을 그리고 있었습니다. 저는 부엌에서 저녁을 준비하고 있었고 사이먼은 인터넷으로 BBC 뉴스를 보고 있었는데, 갑자기 "펑"하는 큰 소리가 나서 깜짝 놀라 둘러보니, 독수리 한 마리가 베란다 유리창에 부딪혀 꼼짝도 하지 않는 것을 발견했습니다.

소피는 독수리가 죽었을까봐 걱정이 되었는지, 얼른 동물병원에 가야 된다고 재촉했습니다. 저는 소피에게 조금 시간이 지나면 독수리가 일어날 수 있을 것이라고 설명해주었습니다. 과연, 설거지를 마치고 돌아와보니 독수리는 이미 정신을 차렸는지 베란다 앞의 창문턱에 서있었습니다. 소피는 얼른 연필을 가져와 멋진 독수리를 그리기 시작했습니다. 그러나 채 다 그리기도 전에 독수리는 힘차게 날갯짓을 하며 날아가고 말았습니다.

숲속의 여왕

소피는 어릴 때부터 숲속에서 자라서 흙바닥과 개울이 놀이터이고 새와 다람쥐가 친구입니다. 소피는 매일 창가에 서서 아직 털도 다 나지 않은 아기 새들을 관찰하며 어제보다 얼마나 컸는지 살펴보거나, 혹은 강아지에게 지렁이나 개구리를 물지 말라고 큰소리로 야단을 칩니다.

한번은 목공예 수업이 한창일 때, 소피와 제자들의 자녀들이 함께 놀다가 지루했는지 개울가에 가서 가재를 잡겠다고 했습니다. 가재 잡이 경험이 많은 소피가 앞장을 서고, 다른 아이들은 그 뒤를 따랐는데 모두 소피보다 5~6살이 많은 언니 오빠들이었습니다.

멀리서 "조금만 더 가면 돼요, 무서워할 것 없어요!"라고 외치는 소피의 목소리가 들렸습니다. 사실 집 주변은 모두 숲과 계곡인데다가 가로등이 없어 4월이 되면 반딧불이만 반짝일 뿐입니다. 평소 깜깜함 속에서 달빛만 의지하여 산책을 하는 것에 익숙한 소피와 달리, 다른 아이들은 무서워서 앞으로 가지 못하고 후레쉬만 흔들거나 소리를 지를 뿐이었습니다. 결국 개울물에 발을 담그지도 못하고 그들의 가재 잡이는 막을 내리고 말았습니다. 소피는 어깨를 으쓱이며 어쩔 수 없다는 표정을 지었습니다.

건강하고 활기찬 성장기

우리 집의 "몽키"는 똘똘하면서도 정이 많습니다. 스코틀랜드의 친할머니와 전화로 정답게 이야기를 나누기도 하고, 대만의 외할머니에게 중국어로 노래를 불러주기도 합니다. 동양과 서양의 서로 다른 문화에 잘 적응하며 자라 참 다행입니다.

소피는 사방이 산으로 둘러싸여 있고 뒤에는 작은 호수가 있는 시립유치원에 다니고 있습니다. 아이들은 넓은 놀이터에서 자전거를 타고, 하늘을 나는 독수리와 나무 위의 새들을 친구 삼아 지냅니다. 이곳에는 에어컨 대신 대자연의 시원한 바람이 상쾌하게 붑니다. 딸아이의 의료보험카드는 시력과 치아 검사에 쓰일 뿐, 아파서 쓴 적은 없습니다. 늘 자연과 접하며 자란 아이들은 도시의 공해와 소음 속에서 자라난 아이들보다 건강하기 마련입니다.

우리 부부는 모든 아이들이 깨끗한 환경 속에서 자라길 바랍니다. 딸아이가 천진난만하고 순수한 웃음을 지을 때면 내일은 더욱 즐겁고 희망적일 것이라는 생각이 듭니다.

Part 1

아이방 꾸미기

본격적으로 DIY를 시작하기 전에 우리 아이들의 방을 효과적으로 꾸미는 방법을 알아봅시다.

DIY

1 꿈이 가득한 아이방 꾸미기

2 자립심을 키워주는 공간 구분

 ·  ·  ·

PART 1

활력이 넘치는 쾌적한 공간
꿈이 가득한 아이 방 꾸미기

우리 집에 왔던 꼬마 손님들은 대부분 자기 집으로 돌아가기 싫어 합니다. 그들은 소피의 방이 부러운지 엄마아빠에게 투정을 부리기도 합니다. 많은 부모님들은 저에게 아이 방을 예쁘게 꾸미는 비결이 무엇인지 물어봅니다. 사실, 가장 중요한 것은 아이들이 마음껏 뛰어 놀 수 있는 충분한 공간입니다. 그리고 아이들의 관심을 끄는 뚜렷한 색상과 다양한 놀잇감이 있어야 합니다.

분리되지 않은 공간

저에게 있어서 목공예 작업 구역을 제외한 모든 공간이 바로 소피의 활동 공간입니다. 화장실을 제외하고는 모든 공간이 문 없이 하나로 연결되어 있어 침실이든 거실이든 어디서나 놀 수 있습니다. 옥상에는 커다란 장난감들이 놓여 있어 친구들이 놀러올 경우에는 옥상에 가서 놀게 합니다.

집 전체가 놀이동산 같지만, 일상생활에서의 자립심을 길러주기 위해 침실과 독서 공간, 세면 공간, 개인물품 정리함 등은 따로 특별히 설계하여 소피가 흥미를 느껴 스스로 할 수 있도록 만들었습니다.

가구도 장난감이다

집안 대부분의 가구는 모두 제가 직접 만든 것입니다. 저는 단조로운 스타일을 좋아하지 않기 때문에 가구에서부터 벽면에 이르기까지 목재 본연의 무늬를 남겨놓거나 선

명한 색을 칠했습니다. 동물, 자동차, 비행기 등 여러 가지 모양으로 디자인하였고 아이가 다치는 것을 방지하기 위해 모든 가구의 모서리를 사포로 부드럽게 문질렀습니다. 알록달록하면서 따뜻하고 재미있는 분위기가 바로 어린 친구들이 우리 집을 좋아하는 이유입니다.

아이에게 무엇이 필요한지 생각해보자

많은 사람들이 아이들은 몇 년만 지나면 다 큰다고 생각하여 아이들에게 필요한 환경을 소홀히 합니다. 하지만 아이들은 5살 전후에 성격이 형성되고 독립성이 길러지기 때문에 환경은 매우 중요합니다. 집안을 인테리어할 때 아이에게 무엇이 필요한지 충분히 고려하고, 행동에 자극을 줄 수 있는 재미있는 환경을 조성한다면 창의성과 자주성을 기르는 데 도움이 될 것입니다. 집이 넓든 좁든, 공간에 활력이 넘치면 아이들뿐만이 아니라 어른들도 좋아하게 됩니다.

▶밝고 생기 있는 색채 구성

밝고 경쾌한 색상은 한창 자라나는 어린이에게 가장 적합합니다. 매일 밝은 색상을 보며 자라난 어린이는 성격도 밝고 명랑해집니다. 여러 가지 줄무늬나 기하학적인 무늬, 동물 도안, 만화 주인공 등을 무늬로 넣으면 자연스레 즐겁고 낙천적인 성격이 형성됩니다. 하지만 모든 가구들이 밝은 원색으로만 구성된다면 오히려 더 어지럽게 보일 수 있으므로 대부분 원목 그대로의 느낌을 살리되 부분적으로 원색을 써서 포인트를 주었습니다.

▶조명이 부드러워야 눈에 좋다.

부모님들은 아이들의 시력이 떨어질까 봐 밝은 전등을 달아주는 경우가 많습니다. 하지만 밝기가 충분하면서도 빛이 부드러워야 아이가 혼자 방에 있더라도 안정감을 느낄 수 있습니다. 또한 책상의 불빛은 반드시 밝고 고르게 퍼져야 눈에 무리가 가지 않습니다.

소피의 방에는 천장에 달린 전등과 책상 위의 스탠드가 있습니다. 책상 위의 스탠드는 책꽂이에 달려 있고 연

결선은 책상 밑에 숨겨져 있어 지나다니다가 넘어질 위험이 없습니다. 집안의 모든 백열전등은 종이로 만든 커버를 씌워 보기에도 예쁘고 불을 켜고 자도 전혀 눈부시지 않습니다.

▶뾰족한 모서리, 미끄러운 부분을 없애 안정성을 높인다.

아이들의 왕성한 활동력은 언제나 골칫거리입니다. 집안에서의 안전사고를 방지하기 위해, 가구의 모서리는 너무 뾰족해서는 안 됩니다. 또한 마룻바닥과 테이블 표면, 의자에는 모두 미끄럼 방지 처리를 해야 넘어지거나 다치는 것을 예방할 수 있습니다.

소피의 책상과 걸상은 모두 신체 사이즈에 맞게 제작한 것입니다. 모서리는 모두 둥글게 처리하였고 주 놀이공간인 거실의 마룻바닥 위에는 카펫을 깔았습니다. 이렇게 하면 아이들도 자유롭게 놀 수 있고, 매일 다칠까봐 전전긍긍하지 않아도 됩니다.

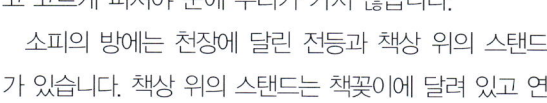

자립심을 키워주는 공간 구분

▶잠자는 공간

　소피의 이층 침대는 몇 번의 수정을 거쳐서 만들어진
것입니다. 아이가 어렸을 때는 아래층에 재우고 위층에는
인형들을 놓았었는데, 아이가 크니 호기심과 활동성이 왕
성해져 위층에서 자기 시작했습니다. 하지만 아직도 가끔
은 엄마 아빠와 같이 자기도 합니다.

▶수납 공간

　소피가 혼자서 옷 정리와 장난감 정리를 할 수 있도록 서랍장과 옷
장을 만들어 주었습니다. 아이들은 칸막이가 많은 것을 좋아하므로 작
은 서랍들을 마련하여 아이가 스스로 자기의 기준에 따라 물건을 분류
해놓을 수 있도록 합니다.

▶놀이 공간

　집안에는 아이가 놀 수 있는 공간이
많이 마련되어 있습니다. 문 옆의 벽에
달린 칠판은 소피가 가장 좋아하는 그림
판입니다. 침대 밑을 들춰보면 많은 장난
감들이 수납되어 있고, 거실의 카펫 위는
나무블록을 쌓기에 딱 좋은 장소입니다.
통로에는 그네를 달아놓아 실내에서도
야외의 즐거움을 느낄 수 있습니다.

아이가 어렸을 때부터 독서 능력을 키워주는 것이 중요합니다. 아이의 키와 눈높이에 맞는 작은 책상과 의자를 만들어주고 그 앞 선반에 동화책들을 놓아두었더니 소피는 누가 시키지 않아도 스스로 책상에 앉아 책을 읽기 시작했습니다.

▶ 씻는 공간

화장실에서도 소피를 위한 배려를 곳곳에서 엿볼 수 있습니다. 낮은 세면대와 변기, 오리모양 수도꼭지, 물고기 모양 거울, 자동차 모양 칫솔통 덕분에 소피에게는 세수하고 양치질하는 것도 재미있는 놀이가 되었습니다.

Part 2

기초 목공예 연습

목공 DIY를 시작하기 위해서는 먼저 도구를 잘 다룰 줄 알아야 합니다. 간단한 필수 도구 활용법에서부터 자주 발생하는 문제의 해결방법을 파악하여 본격적으로 목공 DIY를 시작해봅시다!

DIY

1 기본적인 목공 도구와 작업순서

2 5가지 필수 공구

3 목공 작업 심화편

1. 기본적인 목공 도구와 작업순서

목공 작업에는 많은 공구가 필요합니다. 충분한 예산과 공간이 있다면 대형 공구를 구입하는 것도 나쁘지 않지만, 비교적 저렴하게 구입할 수 있는 5가지 소형 전동 공구만 있어도 충분합니다. 이밖에 망치나 못 같은 기본적인 부품과 도구들은 철물점에 가면 한꺼번에 구입할 수 있습니다. 작업 시에는 반드시 마스크를 써서 분진을 마시지 않도록 주의합니다. 이밖에 전동공구를 사용하지 않을 때는 전선을 꼭 빼놓고, 아이들의 손이 닿지 않는 곳에 수납하여 사고 발생을 방지하는 것도 잊지 말아야 합니다.

소형 전동공구

전동 대패 : 목재의 낡은 표면을 깎아 새것처럼 보이게 만든다.

전동 직소 : 목재를 자를 때 사용한다. 자체 각도 조절이 가능하고 다양한 날이 들어있어 경사면 혹은 곡선으로 자를 수 있다.

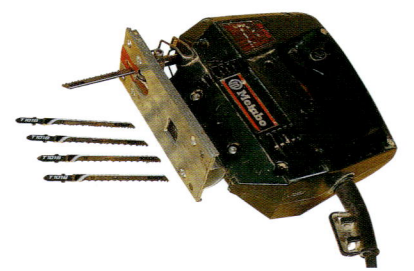
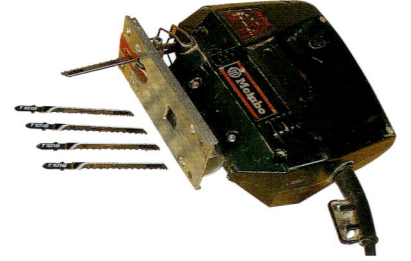

트리머 : 여러 가지 모양의 비트와 조합하여 홈을 파거나 구멍을 뚫을 때, 또는 측면 맞물림을 만들 때 사용한다. 비트의 모양에 따라 홈의 크기와 모양이 달라진다.

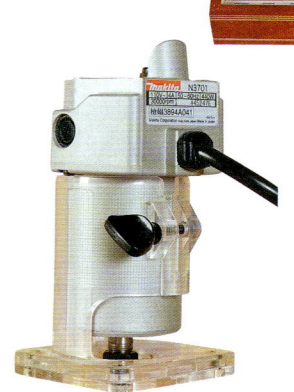

전동 샌더 : 모터의 진동으로 사포를 움직여 목재의 표면을 매끄럽게 갈아줄 때 사용한다.

전동 드릴 : 필요에 따라 크고 작은 구멍을 뚫고 못을 박을 때 사용한다.

드라이버

톱

쇠망치

페인트 솔

직각자

나무봉 : 지지대 혹은 장식용으로 쓰일 수 있으며 짧게 잘라 나무못으로 사용할 수도 있다.
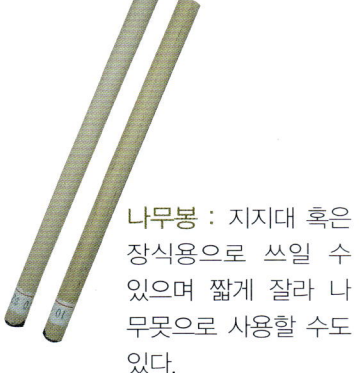

목공용 접착제
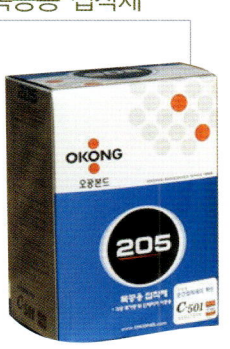

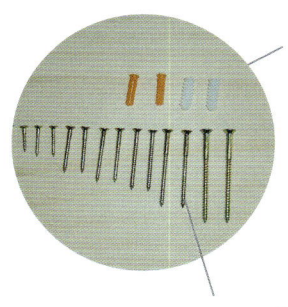

▶ PVC 앙카 : 벽면에 못을 박을 때 먼저 드릴로 구멍을 내고 앙카를 끼우면 나사못이 쉽게 들어간다. 욕실처럼 습기가 많은 벽면에는 PVC 앙카를 사용해야 녹이 슬지 않는다.

▶ 수평기 : 물체가 수평인지 혹은 수직인지를 측량할 때 쓴다.

▶ 나사못

F형 클램프 : 길이가 다양하다. 목재를 사이에 끼워 접착 시 고정하는 역할을 한다.

마이터 박스(각도틀) : 목재를 각을 내어 자를 때 틀 사이에 넣고 원하는 각의 홈에 톱날을 넣어 자르면 정확하고 간단하게 자를 수 있다.

작은 부품들

경첩 : 문, 상자뚜껑 등 열고 닫는 기능이 필요할 때 경첩을 사용한다. 경첩은 두 개의 목재 위에 각각 고정시켜야 하므로 위치와 거리를 잘 조절하여 비뚤어지거나 뒤틀리는 것을 방지해야 한다.

걸고리 : 뚜껑이 열리지 않게 간단하게 고정할 수 있다.

손잡이 : 목제, 철제, 둥근 모양, 고리 모양 등 다양한 형태와 재질을 가지고 있어 쉽게 집안분위기를 바꿔줄 수 있다. 문이나 서랍 외에도 벽에 부착하여 수납 걸이로 사용할 수도 있다.

안전 자석 경첩 : 문의 양측에 부착하여 문이 닫혔을 때 자력을 이용하여 고정할 수 있다. 먼저 자석을 장롱이나 상자 안쪽에 붙이고, 문을 닫아 자석이 닿는 위치를 표시한 다음 나머지 자석을 문에 붙이면 된다.

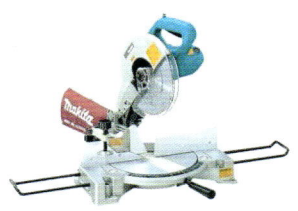

각도절단기 : 비교적 큰 테이블형과 작은 휴대형이 있다. 회전하는 칼날로 목재를 신속하게 절단할 수 있으며 칼날 각도 회전이 가능하여 원하는 각도대로 목재를 절단할 수 있다.

네일 건 : 압축된 공기의 힘을 이용한 피스톤 방식으로 편리하고 신속하게 작은 못을 박을 수 있다.

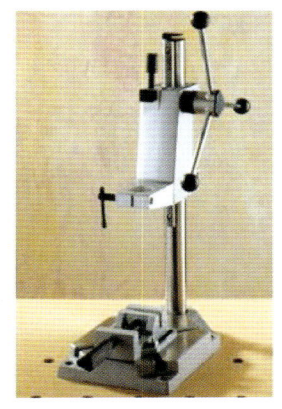

드릴스탠드 : 여러 가지 모양의 헤드를 사용하여 다양한 크기와 모양의 구멍을 뚫을 수 있다.

에어컴프레셔 : 엔진을 이용해 기계 내부에 공기를 압축하여 분사한다. 나무 부스러기와 먼지 등을 청소하거나 네일링 머신과 연결하여 보조하는 역할을 하기도 한다.

목공 작업의 기초

목재가구의 부드러운 질감과 따뜻한 색감, 소박한 분위기는 다른 재질에서는 얻을 수 없는 장점입니다. 직접 목재가구를 만드는 것은 생각보다 어렵지 않습니다. 기본적인 공구와 재료가 준비되고 기초 작업 방법을 숙지한다면 자신이 상상한 가구를 만들 수 있습니다. 목공 작업은 일반적으로 다음과 같은 절차에 따라 이루어집니다.

① 평면 깎기 : 목재는 먼저 대패를 이용하여 표면의 울퉁불퉁한 부분을 매끄럽게 깎아야 한다.

② 절단 : 만들고자 하는 가구에 다라 필요로 하는 크기로 목재를 절단한다.

③ 가장자리 정리 : 목재의 가장자리는 트리머로 처리한다. 여러 가지 헤드를 사용하여 각진 부분을 둥그렇게 처리하거나 가장자리에 홈을 넣어줄 수도 있다.

④ 연결 : 드릴로 구멍을 뚫고 나사나 못을 박아 목재를 서로 고정한다.

⑤ 연마 : 목재 표면을 전동 샌더로 갈아 표면을 매끄럽고 윤이 나게 만든다.

⑥ 도색 : 표면에 원하는 색의 페인트를 칠한다.

N i c e   I d e a !

중고 목재와 새 목재의 구입

목재는 기본적으로 내구성이 좋아 중고 목재를 재활용해도 품질은 크게 떨어지지 않습니다. 다만 못자국, 구멍, 긁힌 상처 등이 남아 있으므로 사용하기 전에 표면을 깨끗이 대패로 밀고 구멍 난 부분은 퍼티로 메우면 감쪽같이 새 목재로 변신합니다.

새 목재는 표면이 잘 다듬어져 있고 상당히 매끄러우며 가장자리도 부드럽게 처리되어 있기 때문에 그대로 잘라 사용해도 무방합니다. 비록 가격이 비싸기는 하지만, 재료 다듬기에 들어가는 시간을 절약할 수 있습니다.

보통 가게에서 파는 목재는 규격 사이즈로 잘라져서 나오며 두께, 모양, 원목 혹은 합판 등 종류별로 다양하여 필요한 목적에 따라 선택할 수 있습니다.

2. 5가지 필수 공구

전동 대패 : 목재 표면을 새것처럼 만든다.

전동 대패는 목공 작업을 시작할 때 가장 먼저 사용하는 필수 공구입니다. 특히 중고 목재일 경우에는 표면에 페인트 흔적이나 낙서 자국, 긁힌 자국 등이 남겨져 있는 경우가 많습니다. 하지만 전동 대패로 표면을 살짝 긁어내면 바로 깨끗한 새 목재로 변신하게 됩니다. 만약 긁힌 부위가 깊더라도 대패로 여러 번 긁어내면 됩니다.

전동 대패를 사용할 때는 나무 표면과 평행이 되게 올려놓고 앞으로 밀면 되는데 칼날을 조절하여 긁어내는 깊이를 정할 수도 있습니다. 나무틀과 금속 칼날로 이루어진 수동 대패는 세밀한 부분의 표면을 다듬는 데에 적합합니다.

가장자리를 빗면으로 처리하기 위해 대패를 살짝 기울여 사용해도 된다.

주의사항 :

▶**전동 대패는 목재의 표면에 평행이 되도록 놓는다.**

먼저 목재를 안정적인 곳에 수평으로 놓고, 그 위에 전동 대패를 평행이 되도록 올려놓는다. 대패질을 할 때는 힘을 균일하게 주면서 가볍게 앞으로 미는 느낌으로 목재 표면 전체를 고르게 왕복한다.

▶**긁어낼 깊이를 알맞게 조절한다.**

전동 대패의 앞쪽에는 칼날의 깊이를 조절할 수 있는 손잡이가 있어 좌우로 돌리며 최대 1mm까지 깊이 조절이 가능하다. 그러나 목재 상태가 최악이 아닌 이상 살짝만 긁어내도록 한다. 너무 깊이 긁어내면 전체를 평평하게 맞추기가 힘들 수도 있다.

▶**칼날의 상태를 자주 체크한다.**

일정 기간 대패를 사용하면 칼날이 무뎌진다. 대패질을 한 목재 표면을 살펴보아 표면이 거칠고 작은 부스러기가 많이 올라온다면 칼날을 갈거나 새것으로 교체해야 한다.

전동 대패 앞의 손잡이로 대패질 깊이를 조절할 수 있다.

공구사용 Q&A

Q 전동 대패를 목재와 평행이 된 상태로 안정적으로 미는데도 왜 끝부분이 평평해지지 않을까요?

A 전동 대패를 사용할 때는 전동 대패가 목재의 끝 부분을 지나갈 때까지 쭉 밀어주어야 합니다. 목재의 끝부분에 가까워졌을 때 대패를 떼어내거나 대패를 기울이면 끝부분이 평평해지지 않고 울퉁불퉁하게 됩니다.

전동 샌더 : 목재의 표면을 세밀하게 연마하여 윤을 낸다.

새 목재라 하더라도 표면이 충분히 매끄럽지 않으면 손에 상처를 낼 가능성이 있습니다. 좋은 목재가구는 반드시 튼튼하고 정교하며 표면이 평평하고 매끄러워야 하는데, 그러기 위해서는 표면을 연마해야 합니다.

거친 표면을 매끄럽게 만들기 위해서는 사포질을 해야 하는데, 먼저 대패질을 한 목재를 사포로 한번 문지른 다음, 알맞게 재단하고 조립하여 다시 사포질을 해야 합니다. 특히 색을 칠하기 전에는 더욱 꼼꼼하게 연마해야 색이 고르게 입혀집니다. 페인트가 마른 후, 그 위를 다시 사포로 문질러주면 표면이 더욱 매끄럽고 윤이 나게 됩니다.

표면이 매끄러워야 색이 균일하게 칠해진다.

사포질을 하면 목재의 표면이 더욱 매끄러워진다.

주의사항 :

▶손잡이를 꽉 쥐고 목재 표면과 평행되게 놓는다.

전동 샌더는 대부분 가볍고 간단하게 작동되므로 초보자들도 쉽게 다룰 수 있다. 그러나 모터의 진동이 비교적 크기 때문에 손에서 튕겨나가지 않도록 꼭 붙잡아야 하며, 목재 표면과 평행되게 놓고 앞뒤 좌우로 고루 문질러 줘야 한다.

▶모터가 완전히 멈춘 후 손에서 놓는다.

전동 샌더가 고장나는 가장 큰 이유는 모터가 채 멈추기도 전에 바닥에 내려놓기 때문이다. 전동 샌더는 모터의 진동력이 아주 크기 때문에 전원을 끄더라도 일정 시간 동안 계속 작동이 된다. 이때 바닥에 내려놓으면 모터와 바닥이 마찰되어 모터가 손상되기도 한다.

▶사포지의 번호가 클수록 세밀하게 연마된다.

사포지의 표면 입자가 무뎌지면 새로운 사포지로 교체해야 한다. 사포지는 입방수로 입자의 크기를 구분하는데, 입방수가 클수록 입자가 작아 더욱 세밀한 연마에 적합하다. 입방수는 적게는 40, 많게는 2000까지 있다. 여러 번 연마를 할 경우 입방수가 작은 것부터 점차 큰 것으로 바꿔야 작업이 쉽다.

전동 샌더는 목재 위에 평행하게 올려놓는다.

움푹 들어간 곳이나 구부러진 곳은 사포를 나무토막에 감아 문지른다.

사포가 닳아지면 새 사포지로 교체한다.

전동 드릴 : 나사구멍을 뚫는다.

전동 드릴은 빠른 속도로 회전하면서 목재에 구멍을 뚫고 나사를 박을 수 있게 해주는 목공 DIY의 필수 공구 중 하나입니다. 거의 모든 작업에서 전동 드릴이 사용되므로 그 사용법과 비트 종류를 숙지해야 합니다. 뚫고자 하는 구멍의 종류와 크기에 따라 각기 다른 비트를 사용할 수 있습니다.

해머-드릴 겸용 드릴 : 진동이 강하고 회전 속도가 빠르다. 전원에 연결해서 사용한다. 시멘트용 드릴 비트를 끼우면 시멘트벽이나 벽돌에도 구멍을 뚫을 수 있다. 비교적 무겁기 때문에 두 손으로 들고 조작해야 한다.

일반적인 전동 드릴은 충전식과 해머-드릴 겸용 제품이 있습니다. 만약 초보자라면 사용이 편리한 충전식 드릴이 적당하고, 벽면에 걸 작품을 만든다면 해머-드릴 겸용 제품을 추천합니다. 견고한 시멘트 벽면을 뚫고 못을 박으려면 해머가 필요하기 때문입니다.

충전식 드릴 : 충전 배터리로 작동하며 무게가 가볍기 때문에 한 손으로 조작이 가능하다. 드릴의 회전 속도는 비교적 느리다. 각종 비트를 사용하여 나사를 박고 구멍을 뚫을 수 있다. 여성들도 쉽게 다룰 수 있다.

시멘트용 비트는 시멘트 벽에 구멍을 뚫을 때 사용한다.

전기 드릴은 헤드에 비트를 끼워 사용한다.

주의사항 :

▶ 드릴의 방향은 목재와 직각이 되게 한다.

전동 드릴의 비트와 목재의 표면이 직각이 되어야 구멍을 똑바로 뚫을 수 있다. 구멍을 뚫어야 할 표면에 직각으로 나무토막을 세우고, 두 목재가 이룬 직각을 따라 헤드를 고정시키고 작업하면 수직으로 구멍을 뚫을 수 있다.

드릴이 돌아가는 방향은 바꿀 수 있는데, 회전 방향에 따라 드릴이 들어가기도 하고 나오기도 한다. 보통 비트를 헤드에서 분리하거나, 비트가 구멍 안에서 걸려 돌아가지 않을 때 이 기능을 사용한다.

▶ 필요에 따라 드릴 비트를 교체한다.

가장 흔히 쓰이는 비트는 천공용 비트와 십자 비트이다. 천공용 비트는 구멍을 뚫을 때 쓰이며 보통 1~10mm 지름의 한 세트를 기본적으로 구입하고 필요에 따라 따로 구입하는 것이 좋다. 뚫어야 할 구멍의 크기가 클 경우에는 지름이 넓은 원형 비트를 사용한다. 벽면에 구멍을 뚫으려면 시멘트용 비트를 구입해야 한다.

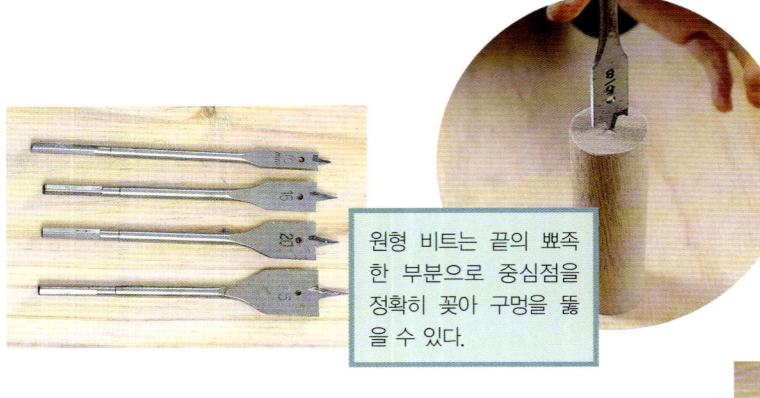

원형 비트는 끝의 뾰족한 부분으로 중심점을 정확히 꽂아 구멍을 뚫을 수 있다.

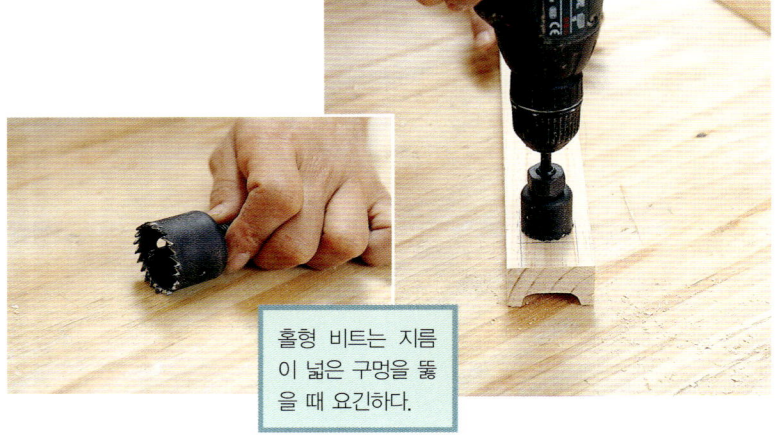

홀형 비트는 지름이 넓은 구멍을 뚫을 때 요긴하다.

공구사용 Q&A

Q 나사못을 박을 때 종종 비뚤어지거나 아예 들어가지 않는데, 왜 그럴까요?

A 목공에 갓 입문한 초보자들이 종종 묻는 질문입니다. 전동 드릴을 사용할 때에는 반드시 흔들리지 않도록 꽉 잡고 목재 표면과 전동 드릴이 직각을 이루도록 유지해야 합니다. 나사도 같은 방법으로 박아야 합니다. 십자드릴 비트를 나사의 십자 모양 홈에 잘 맞추고, 나사가 목재와 직각을 이루는지 다시 한 번 확인해야 합니다. 조금이라도 비뚤어지면 나사는 비뚤어지게 박힙니다. 또한 나사를 박을 때 드릴이 나사 위에서만 돌아가고 정작 나사는 돌아가지 않는 경우가 발생하기도 하는데, 이는 십자드릴 비트가 나사의 십자 모양 홈에 맞물리지 않았기 때문입니다. 작업 시에는 반드시 힘을 주어 꾹 눌러야 나사가 잘 들어갑니다.

전동 직소 : 목재 절단의 필수품

목공 전 준비 작업은 만들려는 작품에 필요한 여러 가지의 목재를 준비하여 다듬는 것입니다. 톱만으로 목재를 자신이 원하는 크기로 자르는 것은 어렵고도 힘든 일입니다. 이때 전동 직소를 사용하면 훨씬 수월하게 목재를 자를 수 있습니다.

목재를 절단하는 데 쓰이는 공구의 종류는 다양합니다. 예산과 공간이 넉넉하다면 사용이 쉽고 간단한 소형 각도절단기를 장만하는 것이 좋습니다. 목재를 고정시키고 각도절단기로 누르기만 하면 신속하게 절단되어 시간과 힘을 절약할 수 있습니다. 하지만 일반 가정에서는 단순한 전동 직소만 있어도 충분합니다.

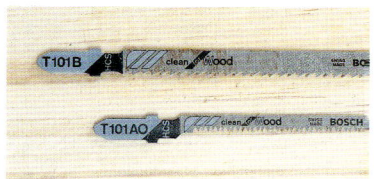

전동 직소는 직선형 톱날을 사용합니다. 직소날은 날이 얇고 좁기 때문에 두께가 5cm를 초과하는 나무토막을 자르는 데는 적당하지 않습니다. 절단하기 전에 먼저 표면 위에 연필로 절단할 선을 그리고, 직소가 흔들리지 않도록 꽉 잡고 칼날이 선을 따라 이동할 수 있도록 수직으로 천천히 밀면 됩니다. 전동 직소는 직소날의 각도를 조절하여 45도, 30도의 빗면으로도 자를 수 있습니다.

전동 직소는 목재의 두께와 강도에 따라 알맞은 직소날을 끼워 사용한다.

전동 직소를 사용할 때는 반드시 손잡이를 꽉 잡고 밑선을 따라 움직인다.

주의사항 :

▶전동 직소가 흔들리지 않도록 꽉 잡는다.

전동 직소는 비교적 무겁고 진동이 크므로 흔들리지 않도록 단단히 잡고 사용해야 한다. 사용이 끝나면 곧바로 전원을 차단하여 만일의 사고를 예방한다.

▶절단할 선을 미리 그려놓는다.

의도하지 않은 방향으로 잘리는 것을 막기 위해 반드시 연필로 밑선을 그리고 천천히 직소를 이동하며 정확하게 절단한다.

▶목재의 바깥쪽부터 절단한다.

목재의 중심부부터 자르기 시작하면 칼날이 파손될 가능성이 있으므로 먼저 가장자리부터 천천히 접근하는 것이 좋다.

▶목재의 두께에 따라 직소날을 선택하여 사용한다.

전동 직소의 직소날은 교체가 가능하므로 목재의 규격에 따라 알맞은 길이와 크기의 직소날로 바꾸어 사용하는 것이 좋다. 전동 직소에 철재용 직소날을 끼우면 철판도 절단할 수 있다.

▶직소날의 각도를 조절하여 빗면을 절단한다.

전동 직소 아래쪽의 육각 자물쇠는 직소날의 각도를 조절하는 기능을 한다. 보통 0도, 15도, 30도, 45도로 조절되며 조절 후에는 직소 몸체와 칼날이 함께 기울어지게 된다. 원래 사용하던 방법대로 직소의 철제 받침대를 목재의 표면 위에 놓은 후 천천히 앞으로 밀면 비스듬히 잘리게 된다. 작업 도중에 각도를 조절하면 칼날 파손 위험이 있으므로 반드시 전원을 차단한 후 조절해야 한다.

절단 시에는 목재가 움직이지 않도록 꽉 잡고 있어야 한다.

직소날의 각도를 조절하여 빗면으로 잘라낼 수도 있다.

전동 직소의 바닥으로 각도를 조절할 수 있다.

목재 밑부분을 높이 받쳐야 절단이 수월하다.

 **공구사용 Q&A**

Q 절단해야 하는 부분이 목재의 중앙에 있으면 어디서부터 절단을 해야 할까요?

A 직소 절단을 할 때는 바깥쪽에서부터 시작해야 하지만, 중심 부분을 잘라낼 때에는 최대한 목판의 가장자리와 가까운 부분에서 시작해야 합니다. 먼저 절단해야 할 부분에서 목판 가장자리와 가장 가까운 위치에 전동 드릴로 구멍을 뚫은 다음, 그 구멍에 전동 직소의 칼날을 넣어 미리 그은 선을 따라 작업을 하면 됩니다. 각이 뾰족한 부분을 자를 때에는 억지로 칼날의 방향을 꺾어서 절단하지 말고, 양 방향에서 절단하기 시작하여 꼭짓점에서 만날 수 있도록 합니다.

Q 절단해야 할 길이가 길 경우 어떻게 하면 곧게 자를 수 있을까요?

A 전동 직소는 꽤 무겁기 때문에 작업 시간이나 길이가 길어질수록 잡고 있는 손에 힘이 빠져 곧게 절단할 수 없게 됩니다. 그렇게 되면 다시 보수 작업을 해야 하고, 보수 작업에서도 다시 실수를 할 수 있습니다. 특히 접착 시, 단단히 붙지 않을 수도 있습니다.

그러므로 최대한 한번에 잘라내도록 해야합니다.

절단하고자 하는 문양이 목판의 중앙에 있을 때에는 먼저 원형 안의 꼭지점에 구멍을 뚫어놓은 다음 직소의 날을 그 구멍에 넣어 밑선을 따라 절단한다.

목판을 곧게 자르는 비결

① 전동 직소의 앞부분에 조기대의 긴 쪽을 끼운다.

② 조기대의 끝에 컨트롤러를 끼운다.

③ 컨트롤러를 직선으로 절단하려는 길이에 맞게 조정한다.

④ 조기대를 고정바이스로 절단하려는 목재에 고정한다.

⑤ 조기대를 따라 직소를 앞으로 밀면 곧게 절단할 수 있다.

트리머 : 모서리 처리와 홈파기를 쉽고 간단하게

트리머는 목공 공구 중에서 가장 다양한 용도로 사용됩니다. 트리머는 천공기, 조각기로도 불리는데, 그 이름처럼 목재에 홈을 파서 두 목재가 맞물리도록 하는 작업과 모서리 처리 작업, 그리고 크기가 비교적 큰 천공 작업, 글자 새기기, 도안 조각 등에 쓰입니다.

트리머의 용도와 작업의 유형을 결정짓는 것은 바로 트리머 비트입니다. 목공 작업자에게 있어서 다양한 크기와 모양의 트리머 비트 세트는 꼭 갖추어야 할 도구입니다. 필요한 비트를 트리머에 끼우면 바로 작업이 가능하며, 홈을 파거나 구멍을 뚫을 때에는 먼저 밑그림을 그린 후 거기에 맞추어 작업을 하면 됩니다.

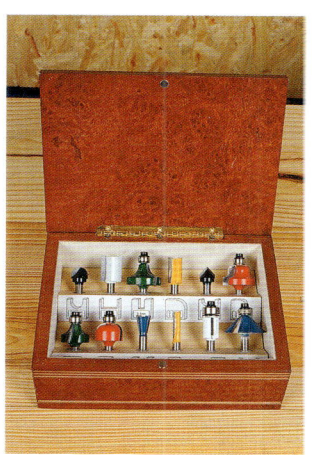

트리머의 가장 큰 장점은 손쉽게 모서리를 처리할 수 있다는 점이다.

트리머는 목판 측면에 홈을 내는 데에도 쓰인다.

1. 모서리 작업

목재의 모서리를 여러 가지 모양으로 정리하는 작업이다. 모서리 정리를 통해 목재 모서리의 날카로운 각을 없애고 작품의 전체적인 예술성을 더해준다. 모서리의 형태는 전적으로 비트의 모양에 따라 결정된다. 일자형, 삼각형, 라운드형, 원뿔형 등 다양하며 필요할 경우 원하는 모양으로 주문 제작할 수도 있다. 모서리 작업을 하면 작품의 완성미를 더욱 높여주며 날카로운 각들이 부드럽게 다듬어져 다칠 위험을 줄일 수 있다.

2. 홈파기와 구멍 뚫기

홈파기를 할 때는 직각 모양의 트리머 비트를 사용하면 된다. 홈의 깊이는 투명 커버 바깥의 칼날 길이를 조절하면 된다. 한 번에 깊이 파면 트리머에 부하가 걸려 고장의 원인이 되므로 깊이 파야 할 경우 여러 번에 걸쳐 작업한다.
구멍을 뚫거나 면적이 넓은 홈을 팔 때에도 직각형 트리머 비트를 사용하면 된다.

3. 측면 맞물림 작업

목재의 측면에 작은 홈을 파서 두 목재가 서로 맞물리도록 할 때도 트리머가 사용된다. 이때는 주로 T형 비트가 사용된다.

목판 표면의 맞물림 구멍이나 홈을 팔 때에도 유용하다.

4. 측면 정리 작업

트리머 비트 중에서 원통형의 '단면 처리날'은 홈을 팔 때 쓰는 것이 아니라 목판의 측면을 평평하게 다듬을 때 쓰인다. 특히 두 개 이상의 목판을 서로 붙일 경우, 측면이 일치하지 않으면 보기 흉하므로 트리머로 정리할 수 있다.

① 먼저 목재 위에 자를 대고 선을 그어준다.

② 선을 따라 전동 직소로 자른다.

③ 두 장을 겹쳐놓으면 측면이 일치하지 않는 것을 볼 수 있다.

④ 트리머 모서리와 트리머 비트의 간격만큼 목재 측면과 평행하게 철자를 고정한다.

⑤ 철자의 모서리를 따라 트리머를 이동하면 이동 방향이 삐뚤어지지 않는다.

⑥ 측면이 정리된 쪽과 그렇지 않은 쪽의 차이를 알 수 있다.

주의사항 :

▶ **트리머를 꽉 잡되, 트리머가 목재에 부드럽게 닿도록 한다.**

트리머는 회전력이 강해서 진동이 상당히 크다. 따라서 흔들리지 않도록 트리머를 꽉 잡고 작업을 해야 한다. 트리머 작업을 할 때는 목재 측면에 날을 부드럽게 댄 후 움직이도록 하고 모서리를 따라 천천히 밀어준다. 힘을 주어 세게 밀면 기계가 튕겨 나갈 위험이 있다.

비트의 길이는 모서리가 깎이는 정도를 결정한다.

▶ **트리머 비트를 교체하는 방법**

트리머 비트를 교체할 때에는 두 개의 렌치가 필요하다. 하나는 안쪽의 나사를 잡고, 다른 하나는 바깥쪽의 나사 커버를 잡고 망치로 살살 두드려 나사를 풀면 된다.

▶ **비트의 길이를 조절하여 깎아내는 정도를 정한다.**

트리머 비트는 트리머 커버의 나사를 돌려 베이스의 길이를 조정함으로써 깎아내는 깊이를 조절할 수 있다. 작업을 시작하기 전에 폐목재를 대상으로 원하는 깊이가 나올 때까지 충분히 높이 조절 연습을 해 본다.

평행가이드, 가장자리 보조가이드 등을 장착하면 직선 작업에 용이하다.

비트를 교체할 때는 두 개의 렌치로 나사 머리를 고정하고, 망치로 살살 렌치를 두드리면서 나사를 푼다.

비트의 길이를 조절한 후에는 반드시 투명 커버를 꽉 조이는 것을 잊지 말자.

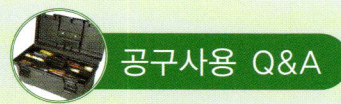
공구사용 Q&A

Q 비트의 종류가 굉장히 많은데, 기능을 어떻게 구분할까요?

A 초보자의 경우 어떤 비트를 어떤 작업을 할 때 써야 하는지 난감할 때가 있을 것입니다. 비트는 크게 다음 4가지로 나뉘어집니다.

모서리 작업용

모서리를 다듬을 때 사용한다. 날카로운 모서리를 부드럽게 만들고, 작품에 예술성을 더해준다.

| 삼각 비트 45도 | 큰 마루면 비트 | 작은 마루면 비트 | 큰 알판 비트 | 작은 알판 비트 |

표면 홈 파기용

목재의 표면에 홈을 팔 때 사용한다. 직각형과 곡선형이 있는데, 비트가 클수록 파인 홈의 깊이도 깊다.

측면 홈 파기용

목재의 측면에 가느다란 홈을 팔 때 쓰인다. 비트날이 좁을수록 홈이 가늘어진다.

| 반달 비트 | 좁은평 비트 | 넓은평 비트 | 큰 홈파기 날 | 작은 홈파기 날 |

일자형 통비트

측면 다듬기용

목재 측면을 고르게 다듬어준다.

3. 목공 작업 심화편

작품 설계 : 나만의 디자인 만들기

많은 사람들은 내가 디자인 도면 없이 작업을 하는 것을 보고 놀라워하며 자신들도 도전을 하곤 합니다. 하지만 다년간의 목공 작업 경험 덕분에 도면은 이미 내 머릿속에 들어있으며, 이제는 대강 높이와 너비가 맞으면 그냥 진행해도 그다지 문제가 생기지 않습니다. 도면이 없기 때문에 반쯤 작업을 하다가도 영감이 떠오르면 완전히 다른 작품으로 만들어버리기도 합니다. 하지만 초보자의 경우 나처럼 한다면 아까운 목재만 낭비하기 쉽습니다. 그러므로 목공 작업을 시작하기 전에는 대충 초안이라도 그려보는 것이 좋습니다.

밋밋한 부분에는 예쁜 구멍을 뚫어주는 것도 좋다.

▶가구의 이미지를 참고하여 초안을 작성한다.

평상시 가구 사진을 자주 접하면서 자신의 집과 어떤 스타일이 어울릴지 파악하는 것이 좋다. 여러 가지 디자인을 참고하고 자신의 개성을 더한다면 세상에 하나밖에 없는 작품을 만들어낼 수 있다. 작업에 착수하기 전에 먼저 간단한 초안을 그려보면 어떤 순서대로 재료를 준비해야 할지, 어떻게 작품을 조립해야 할지 파악할 수 있을 것이다.

치수를 잴 때 줄자 사용을 습관화하는 것이 좋다.

▶가구의 크기를 결정하고 목재를 재단한다.

시중에 판매되는 목재들은 대부분 규격대로 잘라져 있으므로 필요한 두께와 크기에 따라 원목판이나 합판, 막대기 등을 구입하면 된다. 목재를 구입하기 전에는 만들고자 하는 가구가 무겁게 고정되어야 하는지 아니면 이동성이 좋도록 가벼워야 하는지 확인해두어야 나중에 문제가 생기지 않는다.

시중에서 판매되는 목재는 두께나 너비를 바꿀 필요 없이 기본 치수를 바탕으로 필요한 각도와 길이대로 자르면 간편하게 재료를 준비할 수 있다. 가구의 크기는 집안 공간에 따라 결정해야 하며 기존의 가구들과도 잘 어울려야 한다. 목재의 치수를 잴 때 줄자는 필수 도구이고 직각자와 삼각판도 아주 유용하다. 더욱 정확하게 하려면 각도계를 이용한다.

시중에서 판매되는 목재를 적절히 활용하면 재료 준비가 쉬워진다.

재단하기 전에 여러 형태나 곡선을 시험적으로 그려본다.

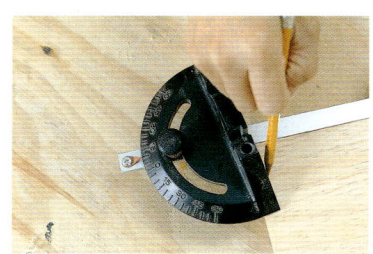

사선을 그을 때에는 각도기를 이용한다.

Woodwork tips

곡선을 잘 활용하면 가구에 변화를 줄 수 있어요

모든 가구가 딱딱한 직선으로 이루어질 필요는 없습니다. 단순한 사각형에 곡선과 동그라미를 더해주면 밋밋한 가구도 재미있어집니다. 모서리를 동그랗게 처리하거나 동물 도안을 더해주기만 해도 변화가 눈에 보이므로 성취감도 대단합니다. 곡선은 어차피 삐뚤어져도 잘 눈에 띄지 않기 때문에 절단하기도 쉽습니다.

원을 그릴 때는 컴퍼스를 사용하면 되고, 없다면 그릇 뚜껑이나 접시를 사용해도 됩니다. 곡선자가 있으면 다양한 곡선들을 그릴 수 있어 편리합니다.

동그란 뚜껑이라면 뭐든지 도구로 활용할 수 있다.

재미있는 모양의 곡선자는 곡선을 그릴 때 유용하다.

튼튼한 접착 : 작품을 견고하게 만든다.

분명히 나사를 박았는데도 왜 아직 흔들리는 느낌이 들까요? 많은 초보자들이 이러한 의문을 품고 있습니다. 답은 아주 간단합니다. 그것은 나사가 박혀있는 부분만 서로 지탱되어있고, 나머지 부분들은 아직 떨어져 있기 때문입니다.

▶타일용 강력 접착제

목공용 풀은 목공 작업에 가장 적합한 접착제이지만, 한 가지 예외가 있다면 바로 모자이크 타일을 붙일 때이다. 타일의 뒷면은 고르지 않기 때문에 보통 바닥에 타일을 시공할 때는 시멘트로 접착을 한다. 목공 작업에서는 시멘트 대신 목공용 풀보다 접착성이 좋은 강력 접착제를 사용한다. 타일 뒷면과 타일을 붙일 곳에 모두 강력 접착제를 바르고, 접착제가 살짝 마른 후 붙이면 절대 떨어지지 않는다.

타일 뒷면과 붙일 자리 모두 강력 접착제를 바르고, 살짝 마를 때까지 기다렸다가 붙인다.

▶조립을 할 때는 반드시 접착을 먼저 한다.

목재를 연결할 때는 못을 박기 전에 먼저 접착을 해야 한다. 목공용 풀은 접착력이 탁월하고 흘러내려도 쉽게 닦아낼 수 있다. 목공용 풀을 바른 후 나사를 박으면 가구가 훨씬 견고해지고 때로는 못을 쓰지 않아도 될 정도로 단단히 붙는다. 여러 개의 목재를 붙여 테이블 같은 커다란 가구를 만들 때에는 특히 접착이 중요하다.

▶F형 클램프의 활용

만약 나사를 사용하지 않고 목공용 풀로만 접착하여 고정할 경우, 풀이 다 마르기 전에는 목재 자체의 무게 때문에 목재 사이가 벌어지거나 어긋날 수 있으므로 목재를 꽉 조여서 단단하게 고정해놓아야 한다. 이럴 때에는 목재를 조여 고정해주는 F형 클램프를 사용하는 것이 좋다. 테이블처럼 넓은 면적을 고정하려면 그만한 넓이를 눌러줄 만한 목판을 구하기 힘드므로 전적으로 F형 클램프의 힘에 의존해야 한다. 2~4개의 목판을 접착한 다음 두 개의 F형 클램프를 사용하여 위쪽과 아래쪽의 측면을 고정한다. 평면을 더욱 평평하게 만들려면 각목 4개를 각각 목판 위아래에 올려놓고 각목을 G형 클램프로 고정한다.

나사를 박아 고정할 때 먼저 목공용 풀을 바른 후 나사못을 박는다.

모든 목재는 서로 연결하기 전에 목공용 풀을 바른다.

F형 클램프는 목재들이 서로 꽉 붙도록 조여준다.

Woodwork tips

조임쇠를 활용해요

조임쇠는 목재를 고정하고 조이는 역할을 합니다. 주로 목재를 작업대에 고정하여 작업을 편하게 할 수 있도록 하고, 목재 위에 자를 고정시켜 절단이나 모서리작업을 할 때 삐뚤어지지 않도록 도와줍니다. 또한 두 개 이상의 목재가 단단히 결합되도록 조여주기도 합니다.

조임쇠에는 여러 가지 종류가 있습니다. 비교적 큰 목재를 고정시킬 때 쓰이는 F형 클램프, 작은 F형 클램프, 작은 목재를 고정해주는 G형 고정기 등이 있습니다. 이밖에도 직각으로 고정할 때 쓰이는 로프 클램프가 있습니다. 로프 클램프는 상자의 조립과 네모 박스를 조립할 때 쓰입니다.

나무못의 활용 : 아름다우면서도 튼튼한 비결

일반적으로 목재와 목재를 연결할 때 나사의 사용은 피할 수 없는 선택입니다. 하지만 완성된 작품의 표면에 못자국이 많으면 가구의 미관을 해칠뿐더러 잘못하면 몸에 상처를 입거나 지나가다 옷이 걸릴 수도 있습니다. 짜맞춤 방식으로 목재를 연결하면 나사를 쓰지 않아도 되지만, 모든 연결을 이런 식으로 하는 것은 사실상 불가능합니다.

나무로 나사못이 박힌 구멍을 다시 메우면 나사가 보이지 않아 외형적으로 더욱 깔끔해보입니다. 특히 집안에 어린아이가 있는 경우 잘못하여 나사못 머리에 긁히는 일도 방지할 수 있습니다. 나사못을 안 보이게 감추는 작업은 그리 복잡하지 않고, 나무봉 하나만 더 준비하면 누구나 시도할 수 있습니다.

나사못 머리를 안 보이게 감추기

(1) 직경 3mm의 드릴로 목재에 나사를 박을 구멍을 뚫는다.

(2) 직경 10mm의 드릴로 (1)에서 뚫어놓은 구멍 윗부분을 5mm 정도 다시 뚫는다.

(3) 나사를 구멍에 박는다.

(4) 직경 10mm의 나무봉을 길이 5mm로 잘라서 나사못 구멍을 메울 나무못으로 사용한다.

(5) 나무못의 표면에 목공용 풀을 바르고 나사못 구멍에 끼워넣는다.

(6) 전동 샌더로 나무못의 튀어나온 부분을 평평하게 연마한다. 그 위에 도색을 하면 아무것도 박혀있지 않은 듯 감쪽같다.

W o o d w o r k   t i p s

나사못을 박을 때는 구멍 하나를 더 뚫어요

보통 나사못을 박을 때는 구멍을 뚫고 그 구멍에 나사를 박습니다. 하지만 나사못을 보이지 않게 감추려면 구멍 윗부분에 약간 큰 구멍을 하나 더 뚫어야 합니다. 이렇게 두 번 구멍을 뚫는 것을 습관화합시다.

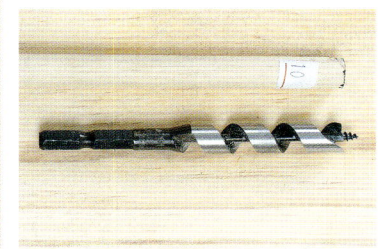

두 번째 구멍을 뚫을 때 드릴의 직경은 나사못으로 쓸 나무봉의 직경과 같아야 한다.

나무못을 박으면 한층 깔끔해보인다.

나무못에 접착제를 바르고 구멍에 박아 넣는다.

짜맞춤 기법 : 정교하고 견고한 조립법

평면의 목재를 입체적으로 조립할 때, 두 목재를 직각으로 고정하는 것이 가장 간편한 방법입니다. 하지만 언제나 나사못 위에 다시 나무못으로 마무리하는 것은 단조로울뿐더러 못을 많이 쓸 경우 작업이 번거로워집니다.

▶더욱 안전하고, 더욱 튼튼하며, 더욱 입체적이다.

선조들의 건축 공법 중에서 가장 뛰어난 점은 못을 전혀 사용하지 않은 짜맞춤 공법일 것이다. 목재가 서로 빈틈없이 맞물리도록 정교하게 짜서 맞추면 목재가 팽창하거나 수축해도 견고하다. 그리고 표면에 높낮이가 생겨 훨씬 입체적으로 보이는 장점이 있다.

▶수평 조합과 수직 조합

맞물림 기법은 대부분 상자나 각종 틀을 만들 때 사용된다. 두 목판을 한 평면 위에서 이어지도록 연결하는 것을 수평 조합, 두 목판을 수직으로 연결하는 것은 수직 조합이라 한다.

▶수평 조합

주로 가구의 옆면이나 바닥판을 만들 때 쓰인다.

트리머를 사용하여 두 목재의 단면을 하나는 오목하게, 하나는 볼록하게 만들어 끼워 맞추면 된다.

Woodwork tips

트리머를 활용해봐요

목재의 표면이나 측면에 홈을 파기 위해서는 트리머를 사용하면 간단하게 해결됩니다. 파고자 하는 홈에 따라 트리머 비트를 선택하여 장착해 봅시다.

1. 비교적 넓은 홈을 팔 때는 넓은 평비트를 사용합니다.
평비트는 목재 표면에 직각 홈을 팔 때 사용합니다. 보통 1cm 이상 두께의 목판을 끼울 때에는 넓은 평비트를 사용합니다. 파야 할 홈의 너비가 커지면 여러 번 작업하고, 홈의 깊이는 투명 커버의 높이를 조절하여 맞춰줍니다.

2. 가장자리에 가까운 곳에 얇은 홈을 팔 때는 홈파기날을 사용합니다. 홈파기날은 보통 목재 측면에 가느다란 홈을 팔 때 사용합니다. 상자의 뚜껑을 만들 때, 혹은 끼워야 할 목재가 얇은 경우에 사용됩니다. 홈에 끼워 넣을 목재의 가장자리를 얇게 갈아주면 끼워넣기가 훨씬 수월해집니다.

▶수직 조합

주로 상자나 틀을 만들 때 쓰인다.

1 먼저 트리머로 목판의 가장자리에 홈을 판다.

2 홈 안에 목공용 풀을 바른다.

3 홈에 목판을 끼운다.

4 완성된 상자에서는 나사못 흔적이 전혀 없다.

벽면 고정 : 탄탄하고 안정감 있도록

선반, 책꽂이 같은 것은 벽에 고정시킬 필요가 있습니다. 선반을 만드는 것은 그다지 어렵지 않으나, 벽에 고정할 때는 기술이 필요합니다. 자칫 잘못하면 흔들리거나 비뚤어질 수 있기 때문입니다.

이 작업을 할 때는 시멘트용 비트가 필요하며, 보통 6~6.5mm짜리를 사용하면 충분합니다. 이밖에 PVC 앙카도 필요합니다. L자 고정쇠를 사용하여 작품과 벽면을 연결하면 고정 작업을 간단하게 해결할 수 있습니다.

▶작품은 똑바로, 구멍의 위치는 정확하게

벽면 고정 작업의 핵심은 정확한 위치이다. 못을 박는 위치가 정확하지 않으면 선반이 기울거나 잘 맞지 않게 된다. 먼저 벽면에 선반 위치를 잘 잡은 다음 수평기로 균형이 맞는지 살핀 후 정확한 위치를 표시한다. 여러 명이 함께 맞추어야 기울어지지 않는다.

1 먼저 선반을 벽에 대고 나사를 박을 자리에 드릴로 구멍을 뚫는다. 드릴이 나무를 관통하여 벽면에 살짝 자국을 남길 수 있도록 한다.

2 전동 드릴에 시멘트용 헤드를 끼우고 회전 방향을 전진으로 맞춘다.

3 벽면에 표시한 곳에 비트의 끝을 맞추고, 두 손으로 드릴을 꽉 잡아 구멍을 뚫는다. 구멍 깊이는 약 2~3cm로 한다.(구멍의 깊이는 목판의 두께와 못의 길이에 따라 결정한다.)

4 PVC 앙카를 벽면의 구멍에 넣고 망치로 박아 넣는다.

5 나사를 선반 구멍에 넣어 박아 넣는다. PVC 앙카에 정확히 들어가도록 한다.

Woodwork tips

PVC앙카는 재활용이 가능해요

PVC 앙카는 중앙의 빈 공간이 나선 모양으로 되어 있어 나사못을 박으면 앙카 내부의 나선을 따라 박히게 됩니다. PVC 앙카는 여러 가지 크기와 색깔이 있으므로 벽면의 색에 맞추어 사용하면 나중에 작품을 제거하더라도 벽에 남은 구멍 자국이 눈에 띄지 않게 됩니다.

수평기로 위치를 잡아요

자신이 만든 작품을 벽면에 고정할 때, 좌우의 균형이 맞지 않고 수평으로 정확히 고정하기가 어렵다면 먼저 수평기로 높낮이를 조정합니다. 수평 표시관이 정중앙 선에 위치하면 수평 수직을 이루고 있다는 뜻입니다.

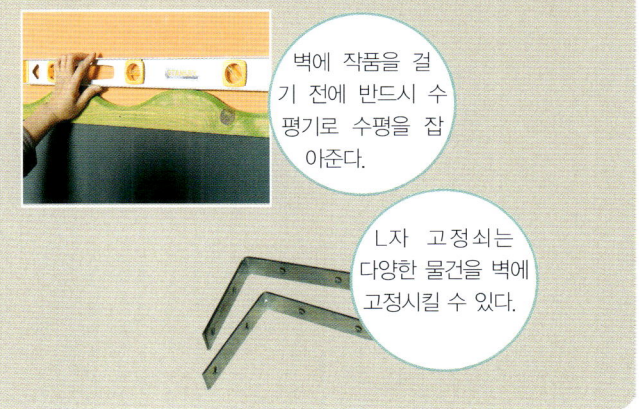

벽에 작품을 걸기 전에 반드시 수평기로 수평을 잡아준다.

L자 고정쇠는 다양한 물건을 벽에 고정시킬 수 있다.

도색 작업 : 가구에 풍부한 표정을 부여한다.

목공 작업의 가장 마지막 단계는 도색입니다. 자신이 좋아하는 색을 마음껏 칠하고 도안을 그려넣을 수도 있습니다. 작품이 투박하게 만들어졌어도 상관없습니다. 시선을 끄는 아름다운 색으로 칠하면, 여러 가지 결점들도 보이지 않게 될 것입니다.

착색제는 색감이 중후하고 원목의 무늬를 살려준다.

▶도색하기 전에 표면을 매끄럽게 다듬어준다

색이 가구 표면에 고루 퍼지고 색상이 잘 드러나게 하려면 도색 작업 전에 먼저 표면을 매끄럽게 다듬고 겉에 붙은 먼지나 부스러기들을 제거해야 한다. 그래야 염료가 나무에 골고루 흡수된다. 도색을 마치고 그 위에 투명 페인트를 한 번 더 덧칠하면 색이 훨씬 밝아보일뿐더러, 가구가 젖거나 벌레가 생기는 것을 방지할 수 있다.

모든 도색 작업에서는 반드시 염료가 완전히 마른 후 다음 작업을 시작해야 한다. 도색 작업에는 인내심이 필요하다. 완전히 마를 때까지 걸리는 시간은 온도와 습도에 따라 다른데, 건조한 날에는 빨리 마르고 습한 날에는 오래 걸린다.

▶염료에 따라 다른 효과가 생긴다

일반적으로 목재에 도색할 때에는 스프레이, 스테인, 아크릴 물감 등 다양한 방법이 사용된다. 이들은 각각 다른 효과를 연출하는데, 이 책에서는 주로 스프레이가 사용되었다.

염료가 마르면 바를 때보다 색이 좀 옅어진다. 색이 바랜 듯한 효과를 내려면 마른 수건에 염료를 찍어 조금씩 두드려서 바르는 방법이 적합하다. 이밖에 색을 겹치게 칠하는 방법으로 단계적인 느낌을 낼 수도 있다.

착색제는 아이들도 안심하고 사용할 수 있다.

종류	특징	후각 자극도	사용방법	장점
착색제	침착하고 복고적인 느낌	★★★	희석시킨 후, 솔로 칠한다. 희석 농도는 색상에 따라 결정된다.	색의 농도를 조절할 수 있고, 특수한 색상들이 있다. 예를 들면 유자나무색, 호두색, 붉은 나무색 등이 있다.
스프레이 페인트	색상이 밝다.	★★★★	뿌릴 때 누르는 힘을 균일하게 하고, 너무 두껍게 뿌리면 안 된다. 바람부는 방향으로 서서 뿌리고, 도색을 마치고 다른 염료를 바를 필요가 없다.	직접 뿌리면 되기 때문에 가장 편리하다.
아크릴 염료	색깔의 변화가 많다.	★★★	붓에 직접 찍어서 바른다. 사용 후, 다른 염료를 바를 필요가 없다.	그림을 그릴 때 편리하다.
투명 페인트	목재의 색을 더욱 밝게 한다.	★★★★	먼저 시너로 희석시킨 후, 솔로 바른다. 염색제를 사용한 후에 또는 혼합하여 사용한다.	목재의 표면을 윤기 나고 매끄럽게 한다. 더러워지지 않고 작품 보존을 돕는다.
티크 오일	목재의 자연 무늬를 강조한다.	★★	마른 걸레로 찍어서 바른다. 염료를 칠하지 않은 목재에만 사용할 수 있고 염색제를 사용한 후에 바를 수 있다.	목재를 보호하고 목재 원래의 아름다운 무늬를 유지한다.

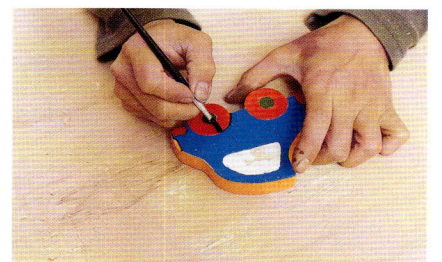

아크릴 물감의 장점은 자신이 생각한 도안을 자유자재로 그릴 수 있다는 것이다.

스프레이를 뿌릴 때에는 균일하게 뿌릴 수 있도록 주의한다.

투명 페인트를 칠하면 광택이 나고 쉽게 오염되지 않는다.

색을 모두 칠할 필요는 없고, 일부는 티크 오일을 발라 목재의 원래 색과 무늬를 살려준다.

목재에 색을 칠하지 않는 부분은 티크 오일을 발라 목재를 보호해준다.

Woodwork tips

복고풍 효과 내기

만약 두꺼운 염료가 목재의 원래 모습을 덮어버리는 것이 싫다면 마른 후 문질러주는 방법을 사용할 수 있습니다. 스프레이 페인트, 착색제, 아크릴 물감 등을 얇게 발라준 후, 다 마르면 낡은 옷가지나 수건으로 박박 문질러줍니다. 그러면 염료가 얇고 균일하게 되어 나뭇결도 살릴 수 있고 복고적인 느낌이 물씬 풍깁니다.

> 얇게 칠한 염료가 마른 다음 마른 헝겊으로 문질러주면 염료가 얇고 균일하게 퍼지며 나뭇결도 자연스레 살릴 수 있다.

투명한 무산성 스프레이가 편리해요

투명 페인트에는 여러 종류가 있습니다. 가장 편리한 것은 약 11리터짜리 '투명 무산성 스프레이'입니다. 여기에는 유광, 무광 두 종류가 있으며 시너와 혼합한 후 사용합니다. 무광 스프레이를 뿌린 가구는 빛을 반사하지도 않고 질감이 섬세하고 부드러워 소박하고 편안해 보입니다.

착색제를 칠한 다음 투명페인트를 사용하면 착색제의 색을 더욱 밝고 윤기있게 해줍니다. 만약 투명 페인트와 착색제를 혼합하여 사용하면 색상이 더욱 안정적으로 보입니다.

질감을 더욱 살리고 싶다면 투명 페인트를 두 번 바르면 됩니다. 첫 번째 칠한 투명 페인트가 마르면 CK1000 이상의 사포로 살살 문지른 후 다시 투명 페인트로 칠해주면 됩니다.

스프레이나 아크릴 물감으로 도색할 때는 투명 페인트를 다시 칠해줄 필요가 없습니다.

> 투명 페인트는 착색제를 칠한 다음 사용하거나, 함께 섞어 사용할 수도 있다.

Part 3

즐거운 공부를 위한 8개의
창의적 완구

아이들이 언제나 갖고 싶어하는 것은 바로 장난감입니다. 시중에 판매되
는 장난감도 많지만, 엄마가 직접 만들어준 장난감은 더욱 특별합니다.
아이의 개성을 살리고 안전성을 도모할 수 있는 장난감을 만들어 봅시다!

DIY

 ·  ·  ·

색채를 이용한 창의력 학습

도형 맞추기 놀이판

01

주변 지인들로부터 아기를 낳았다는 소식을 들으면, 어떤 축하선물을 주는 것이 좋을까요? 돈? 아기 반지? 옷이나 신발? 어떤 것을 필요로 할지 모르기 때문에 선물을 고르느라 한창 고민하곤 합니다.

축하 선물은 일단 독특하고 창의적인 것이어야 기억에 남습니다. 직접 아기를 위한 도형 맞추기 놀이판을 만들어 주면 아기도, 그 부모들도 좋아할 것입니다. 도형 맞추기 놀이판은 아이들의 두뇌 개발에 도움이 되고, 아이가 자라면 벽에 고정시켜 수납걸이로 쓸 수도 있습니다.

도형 맞추기 놀이판을 통해 사물의 모양과 색깔에 대한 인식 능력을 키울 수 있다.

    손잡이 5개

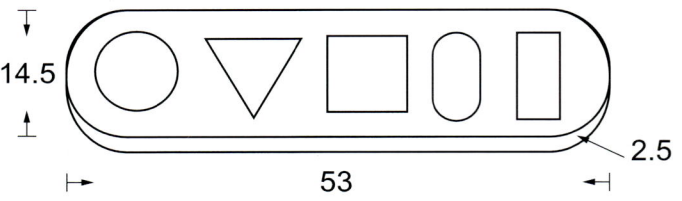

14.5 53 2.5

1 직사각형 목판 위에 원, 삼각형, 타원형, 직사각형, 정사각형 등을 그린다.

2 목판의 뾰족한 모서리를 없애기 위해 먼저 동그란 물체를 대고 곡선을 그린다.

3 목판 위에 그린 각 도형의 모퉁이 부분에 전동 직소의 날이 들어갈 수 있도록 전동 드릴로 구멍을 뚫어준다.

4 전동 직소로 도형의 모양을 따라 잘라내고, 목판의 모서리 부분도 둥그렇게 다듬어준다. 미리 그린 선을 따라 정확히 절단해야 잘라낸 부분을 다시 활용할 수 있다.

5 전동 샌더로 목판을 매끄럽게 연마해 주고, 구멍이 뚫린 부분은 사포로 부드럽게 갈아준다.

6 얇은 목판과 구멍을 뚫은 목판을 겹쳐 놓고 구멍을 따라 모양을 그린 다음, 각각 서로 다른 색으로 칠한다.

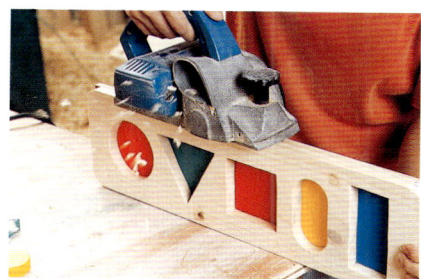

7 두 목판을 겹쳐놓고 전동 대패로 두 목판의 측면을 매끄럽게 갈아준다.

8 전동 직소로 첫 번째 목판의 모서리 모양대로 두 번째 목판의 모서리를 둥 그렇게 자른다.

9 위쪽 목판의 바닥에 접착제를 바르고 두 목판을 서로 붙인다.

10 F형 클램프로 두 목판이 단단히 결합하도록 고정한다.

11 트리머에 원형 비트를 끼우고 모서리가 모두 둥글게 되도록 모서리 처리를 한다.

12 색이 칠해진 곳을 제외하고 목판 위에 티크 오일을 바른다.

13 4에서 잘라낸 도형 모양 나무토막을 전동 샌더로 매끄럽게 갈아준다.

14 나무토막을 목판에 칠한 스프레이 와 같은 색으로 칠해준다.

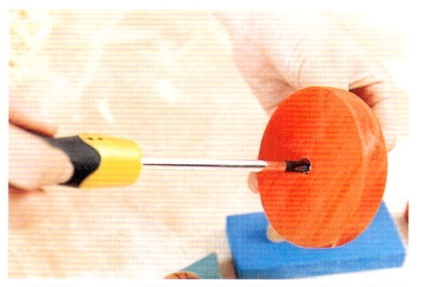

15 각 나무토막에 서로 다른 모양의 손잡이를 붙인다.

16 도형 맞추기 놀이판이 완성!

02

자유롭게 낙서할 수 있는
물결 테두리 칠판

소피는 그림 그리는 것을 매우 좋아해서 매일 연필을 들고 낙서를 하곤 합니다. 어느 날 아침, 소피가 선물을 준비했다며 눈을 감아보라고 했습니다. 방으로 가보니, 세상에, 벽면에 온통 소피의 그림이 그려져 있었습니다. 어른과 여자아이가 손을 잡고 나란히 서있었고 주위엔 웃고 있는 꽃들이 가득했습니다. 어른의 머리 위에는 내 이름이 써있었고, 여자아이의 머리 위에는 소피의 이름이 써있었습니다.

"엄마, 예쁘죠?" 딸은 기대에 가득 찬 눈으로 나를 바라보며 물었습니다. 그 강인한 색채의 그림과 재미있게 그려진 꽃들을 보고는 크게 혼내줘야겠다는 생각이 사라졌습니다. 저는 소피에게 벽에 그림을 그리는 건 왜 안 되는지 설명해주고, 맘껏 그림을 그릴 수 있는 칠판을 만들어 줄 것을 약속했습니다.

난이도 ◡◡◡　　부품 분필, 칠판지우개

```
        |←         53         →|
  ↑  ╭～～～～～～～～～～～～～╮
     │                        │
14.5 │                        │
     │                        │
  ↓  ╰────────────────────────╯
                            ╲7
```

벽면에 마음대로 낙서를 할 수 있다는 것은 아이들에게 행복한 일이다. 중요한 일을 칠판에 써두면 잊어버리지도 않는다.

1 큰 나무합판을 준비하여 전동 샌더로 매끄럽게 연마한다.

2 합판 위의 이물질을 제거하고 칠판용 녹색 페인트를 칠해준다. 다 마른 후 두 번 정도 더 덧칠한다.

3 넓고 긴 나무판을 준비하고 트리머에 평비트를 장착하여 가장자리에 직각 홈을 판다.

4 홈이 파인 쪽을 칠판과 맞추고 칠판의 크기를 잰다. 긴 나무판은 칠판의 테두리를 만들기 위해 긴 것 두 개, 작은 것 두 개가 필요하다.

5 테두리가 될 나무판을 마이터 박스에 끼우고 F형 클램프로 고정한 다음, 45도 각이 되도록 자른다.

6 만들어진 테두리를 칠판에 두른다.

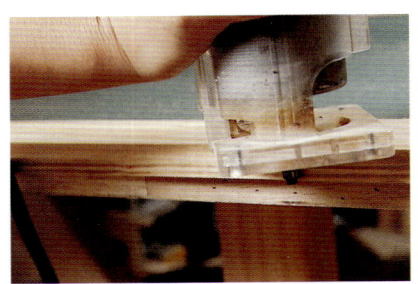

7 전동 직소로 테두리를 물결무늬로 다듬고 트리머로 가장자리를 정리해준다.

8 전동 샌더로 매끄럽게 다듬어준 다음, 아크릴 물감으로 칠한다.

9 액자와 칠판을 연결한다.

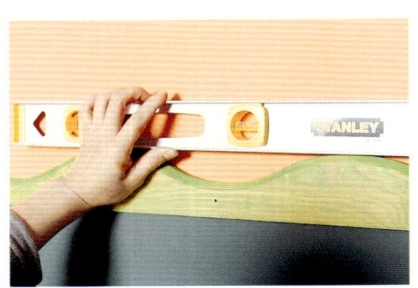

10 완성된 칠판을 벽에 대고 수평기로 수평을 맞춘다.

11 전동 드릴로 못을 박아야 할 각 위치에 구멍을 뚫고 벽면에도 표시를 한다.

12 전동 드릴에 시멘트용 비트를 끼우고 벽면에 표시한 곳에 구멍을 뚫는다.

13 PVC 앙카를 구멍에 박아넣는다.

14 전동 드릴로 못을 칠판에 박아 벽과 고정한다.

15 모든 작업이 완성되면 분필과 칠판지우개를 둔다.

마음대로 굴리는

구슬 미끄럼틀

03

우리 집 거실 중앙에는 작은 유럽식 난로가 있습니다. 겨울에 온 가족이 난로 앞에 앉아서 몸을 녹이고, 차를 마시며 이야기를 나누면 아주 행복합니다. 어느 겨울날 밤에 걸어놓은 빨래가 며칠이 지나도 마르지 않아 난로 옆에 빨래 건조대를 만들어야겠다고 생각했는데, 기왕이면 다른 재미있는 용도로도 쓰였으면 하여 고민하다가, 결국이 구슬 미끄럼틀을 만들게 되었습니다.

구슬 미끄럼틀을 만들려면 약간의 기술이 필요합니다. 트리머를 잘 활용하고 각도와 길이를 정확하게 측정한다면 그리 힘들지는 않습니다. 거실의 장식품이 되며, 유용한 빨래 건조대로 쓰이기도 하고, 딸의 장난감이 되기도 하는 일석 삼조의 작품이라고 할 수 있습니다.

구슬 미끄럼틀은 빨래건조대로도 활용할 수 있다.

구슬이 위에서부터 순서대로 내려오는 것을 보면 아이들이 참 즐거워한다.

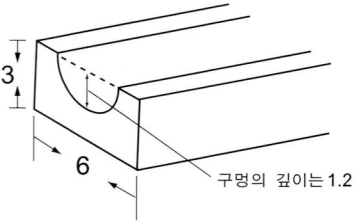

구멍의 깊이는 1.2

3

6

미끄럼틀

1 7개의 같은 길이의 나무 막대에 트리머로 직각 홈을 파서 구슬이 미끌어져 내려오는 틀을 만든다.

난이도 ☺ ☺ ☺ ☺

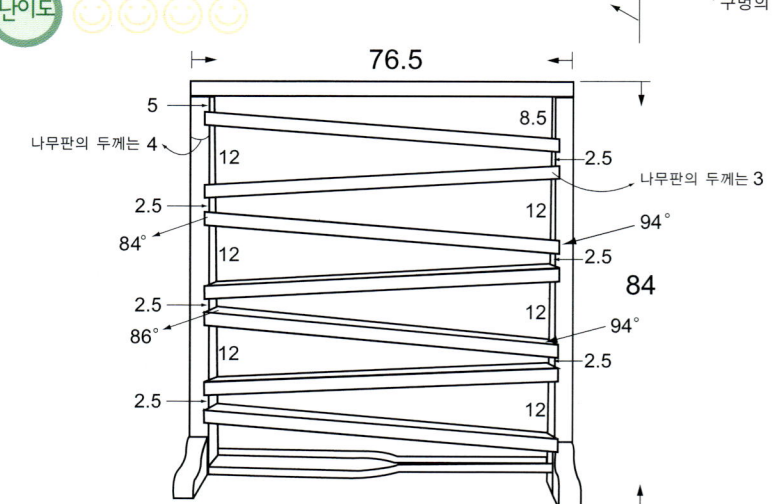

76.5

5

8.5

나무판의 두께는 4

12

2.5

나무판의 두께는 3

2.5

84°

12

94°

2.5

84

2.5

86°

12

94°

2.5

12

2.5

12

2 비트가 넓지 않다면 두 번에 걸쳐 작업한다.

3 트리머에 반원형 비트를 장착하고 홈의 양쪽 가장자리를 둥그렇게 다듬는다.

4 사포를 각목에 싸서 홈의 안쪽을 매끄럽게 다듬는다.

5 홈을 다듬을 때는 사포를 나무 막대에 감아서 밀어주면 된다.

6 7개의 나무 막대의 표면을 전동 샌더로 매끄럽게 갈아준다.

7 각도기로 나무 막대의 양쪽 끝을 각각 86도, 94도가 되도록 표시하고 전동 직소로 자른다.

8 전동 드릴에 원형 드릴을 장착하고 나무 막대의 95도쪽 끝에 구멍을 뚫는다.

측면 기둥과 받침

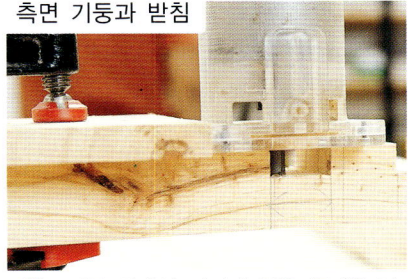

9 나무 막대와 너비가 같은 두꺼운 나무 막대 두 개를 준비하여 그림 10과 같이 홈을 판다.

10 미끄럼대를 연결할 부분에 직각 홈을 판다.

11 파인 홈의 뒷면에 전동 드릴로 구멍을 뚫는다.

12 전동 드릴의 비트를 교체하고 이미 뚫어놓은 구멍에 다시 5mm의 구멍을 뚫어 나무못을 박을 수 있도록 한다.

13 받침으로 쓰일 나무토막 두 개 위에 모양을 그려준다.

14 전동 직소로 그린 선을 따라 둥그렇게 잘라준다.

15 받침대의 중앙에 측면 기둥의 너비와 같은 너비의 홈을 표시한다.

16 트리머에 평비트를 장착하고 받침대에 홈을 판다.

조립하기

17 나무판을 준비하여 바닥의 구슬받이를 만든다. 먼저 트리머로 직각 홈을 판다.

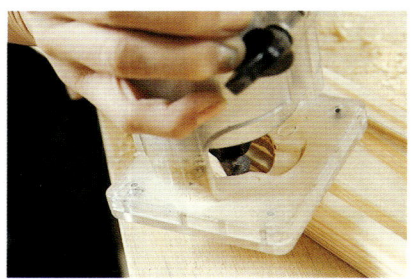

18 약 세 번 정도 반복하여 그림처럼 넓은 홈을 만들고, 알판 비트를 장착하여 모서리 처리를 해준다.

19 완성된 구슬받이는 위 사진과 같다.

20 빗면이 될 나무막대를 양쪽 기둥의 홈에 하나씩 번갈아가며 끼워 넣는다.

21 나무 기둥 옆에 나무토막을 대고 망치로 두드려 단단히 고정시킨다.

22 바깥쪽 구멍에 나사를 박아 넣는다.

23 트리머에 알판 비트를 장착하고 전체적으로 모서리 처리를 해준다.

24 받침대를 양쪽 기둥 밑부분에 고정시킨다.

25 양쪽 기둥 바깥쪽 나사 구멍에 나무못을 박는다.

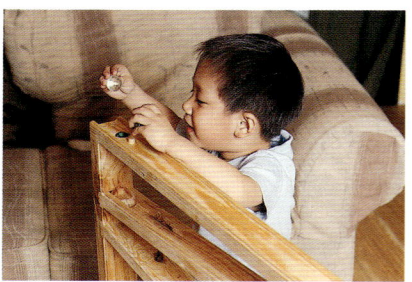

26 전체에 티크 오일을 바르고, 다 마르면 구슬을 올려놓고 놀 수 있다.

화려한 색상의

미니 모자이크 체스판

04

조카 데이비드는 공원에서 체스를 두는 할아버지들 사이에 끼어 앉아 구경하는 것을 좋아합니다. 때로는 자기가 직접 그린 체스판을 내밀며 할아버지께 도전을 하기도 합니다. 주머니 속에서 꾸깃꾸깃해진 체스판이 보기에 안쓰러워, 이번에는 조카를 위해 세상에 하나뿐인 독특한 체스판을 만들어주기로 했습니다. 타일을 사용하면 색이 화려할 뿐만 아니라, 체스를 두지 않을 때는 냄비받침으로 활용할 수도 있습니다. 벽에 걸면 화려한 장식품이 되기도 하고, 주방에서는 도마로 쓸 수도 있으니 일석 사조랍니다.

엄마가 만들어준 체스판으로 아이들은 더욱 즐겁다.

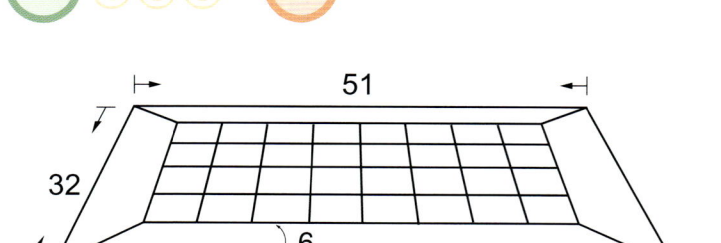

체스판은 식탁 위의 냄비받침으로도 활용 가능하다.

깨끗이 닦으면 미니 도마로도 사용할 수 있다.

난이도 ☺☺☺   **부품** 정사각형 타일 32개, 십자 틈새고정대

51
32
6
3.5

1 직사각형의 나무판 위에 타일을 4×8 로 배열한다. 타일 사이에는 십자 틈 새고정대를 놓아 일정한 간격을 유지한다.

2 타일이 모두 배열되었으면, 타일의 위 치를 나무판 위에 표시해놓는다.

3 타일을 들어내고, 나무판 위에 강력접 착제를 골고루 펴 바른다.

4 타일 뒷면에도 강력접착제를 바르고, 나무판 위에 표시된 위치의 가장자리 부터 차례대로 붙인다. 타일과 타일 사이에 는 반드시 십자 틈새고정대를 넣는다.

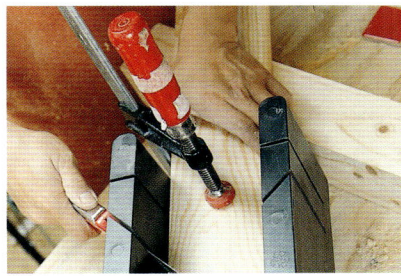

5 테두리로 쓸 두꺼운 나무토막을 마이 터 박스 사이에 넣고 끝부분을 45도 로 절단한다.

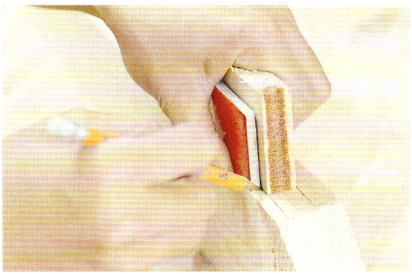

6 타일을 붙인 나무판의 두께를 나무토 막 옆면에 표시하여 홈의 너비를 계산 한다. 나무판 두께가 홈의 너비와 같아야 꼭 맞게 조립할 수 있다.

7 트리머에 홈파기날을 끼우고 나무토막 의 표시해둔 곳에 맞추어 측면 홈을 판다. 두 번 정도 작업해야 원하는 너비의 홈을 팔 수 있다.

8 네 나무토막의 45도로 잘린 모서리와 홈 안쪽에 접착제를 바른다.

9 직사각형 모자이크판을 네 나무토막에 끼워넣는다.

10 목공용 테두리 고정기로 귀퉁이를 단단히 고정하고, 틈새에 새어나온 접착제는 젖은 걸레로 닦아낸다.

11 타일용 퍼티를 타일 표면에 바르고 긁개로 긁어 틈새에 채운다.

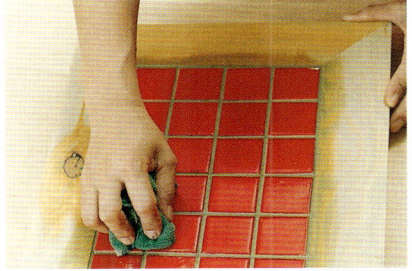

12 젖은 걸레로 타일 위에 남은 퍼티를 닦아낸다.

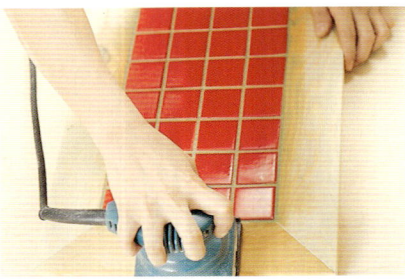

13 전동 샌더로 나무판을 평평하게 연마한다.

14 트리머에 알판 비트를 장착하여 모서리 처리를 해준다.

15 목판 위에 아크릴 물감을 바르고 마른 걸레로 고루 문지르면 고유의 나뭇결을 살릴 수 있다.

16 물감이 마르면 완성!

시각 조합 능력을 길러주는

도미노 세트

영국에서는 아이가 걸음마를 시작하고 말을 배우기 시작하면 할머니로부터 도미노(Dominos) 세트를 선물 받는다고 합니다. 도미노 한 세트에는 28개의 패가 들어 있고 2~4명이 패에 그려진 그림을 이어가며 같은 패의 쌍을 모으는 게임을 즐길 수 있습니다.

도미노 패 위에는 원래 주사위 숫자가 그려져 있지만, 이번에는 아이들에게 친숙한 만화주인공 스티커를 이용하여 만들어 보려고 합니다. 초콜릿이나 과자를 상품으로 걸고 게임을 하면 아이들은 더욱 열심히 도전할 것입니다.

난이도 ☺ ☺

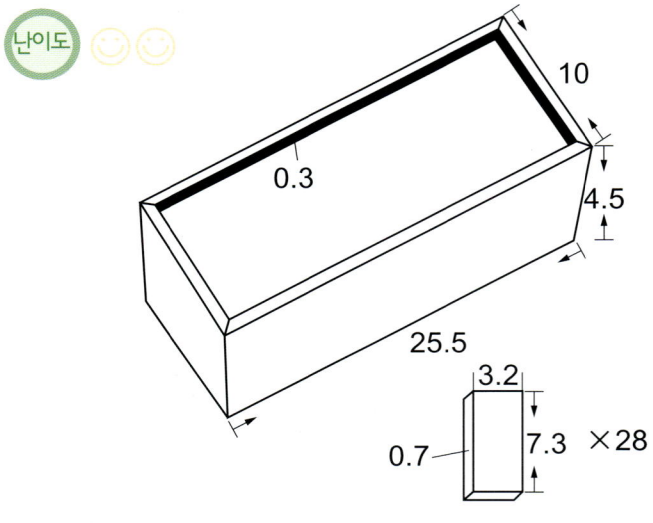

10

0.3

4.5

25.5

3.2

0.7 7.3 ×28

도미노

1 나무판 위에 24개의 크기가 같은 직사각형을 그리고, 선에 맞추어 전동직소로 절단한다.

2 잘라낸 모든 나무토막에 티크 오일을 바른다.

3 6가지 만화 주인공 스티커 총 49장을 준비하여 나무토막 위에 붙인다.

4 나무토막의 중앙에 수성 사인펜으로 분리선을 긋는다.

5 트리머에 홈파기용 날을 장착하고 따로 준비한 나무판 한쪽 면의 위아래에 각각 가는 홈을 판다.

6 홈이 파인 쪽을 안쪽으로 하여 마이터 박스에 넣고 45도로 자른다.

7 박스의 바닥과 뚜껑이 될 나무판을 준비한다. 크기는 (5)에서 만든 나무판 길이를 참고한다.

8 전동 샌더로 매끄럽게 다듬고, 가장자리는 홈에 쉽게 들어갈 수 있도록 특히 얇게 다듬어준다.

9 네 개의 나무판의 홈 안에 접착제를 고루 바른다.

10 바닥이 될 나무판을 홈에 끼워 고정하고, 남은 짧은 나무판을 홈 선을 따라 잘라낸다.

11 잘라낸 홈 위에 목공용 풀을 바르고, 뚜껑이 될 나무판 한쪽 끝에 붙여 여닫이식 뚜껑이 되도록 한다.

12 상자 전체에 티크 오일을 바르고 건조시킨다.

13 완성된 도미노 패를 상자 안에 넣는다.

Woodwork tips

도미노 게임 방법

　　2~4명이 즐길 수 있는 게임입니다. 게임 참여자는 각각 4장의 패를 가지고 시작합니다. 같은 패를 가장 많이 가지고 있는 사람이 먼저 시작하며 순서대로 이어지는 패를 내면서 게임을 진행합니다. 만약 낼 수 있는 패가 없으면 더미에서 패를 하나 먹습니다. 손에 가진 패를 가장 먼저 버리는 사람이 우승자가 됩니다.

'도미노'는 색과 숫자 조합 능력을 훈련하는 놀이이다.

도미노에는 총 28개의 패가 있고, 제작 시 수의 위치를 참고할 수 있다.

작은 나무상자를 만들어 도미노를 수납할 수 있고 나중에 필통으로도 사용할 수 있다.

아이들이 좋아하는 만화 주인공을 숫자 대신 붙여놓으면 더욱 재미있어 한다.

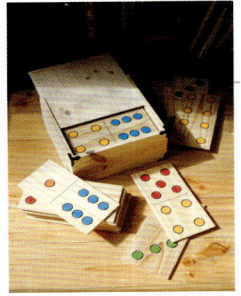

체력과 두뇌를 함께 단련하는

야외용 대형 도미노

06

미니 도미노 세트는 휴대가 간편하여 어디든지 가지고 갈 수 있습니다. 하지만 야외로 가족 소풍을 나갔을 때 사용하기에는 너무 작고 게임을 해도 재미있지 않습니다. 이럴 땐 대형 도미노가 좋습니다. 넓게 펼쳐진 잔디 위에 큰 도미노를 늘어놓고 게임을 한다면 두뇌회전과 동시에 운동 효과도 볼 수 있습니다.

1 긴 나무판자를 준비하여 크기가 같은 28개의 직사각형으로 자른다.

난이도 ☺

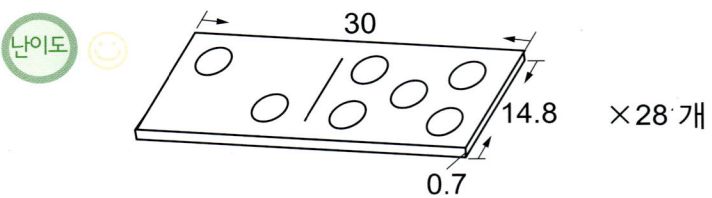

30 · 14.8 · 0.7 ×28 개

2 나무판 가운데에 중앙선을 그리고, 양쪽에 동그란 원을 숫자대로 그려준다. 그린 원을 따라 원형 트리머 비트로 2mm 깊이의 홈을 판다.

3 파인 홈에 검정 염료로 색을 칠해준다.

4 전동 샌더로 표면을 매끄럽게 연마한다.

5 원의 내부는 원의 숫자마다 다른 색으로 칠한다. 같은 숫자면 같은 색을 칠해야 한다.

6 물감이 마르면 목판의 중앙선을 수성 사인펜으로 그어준다.

7 전체에 티크 오일을 바르면 완성된다.

하늘 높이 나는 새

갈매기 모빌

07

20년 전, 나무로 만들어진 갈매기 모빌을 사서 천장에 걸어놓았습니다. 살짝 줄을 당기면 갈매기는 날개를 움직이며 천천히 허공을 날았습니다. 몇 번의 이사를 거친 지금 그 갈매기는 어디로 갔는지 찾을 길이 없지만, 갈매기를 바라보던 그 시절의 동심으로 되돌아가고픈 마음은 아직도 내 가슴에 자리 잡고 있습니다. 그래서 옛 기억을 되살려 나무 갈매기를 만들어 보았는데, 소피도 이 갈매기를 보면서 높은 하늘 위로 힘차게 날갯짓하는 갈매기처럼 자랄 수 있기를 바랍니다.

난이도 ☺☺

부품 낚시줄, 수성사인펜, 원형손잡이, 쇠고리, 갈고리

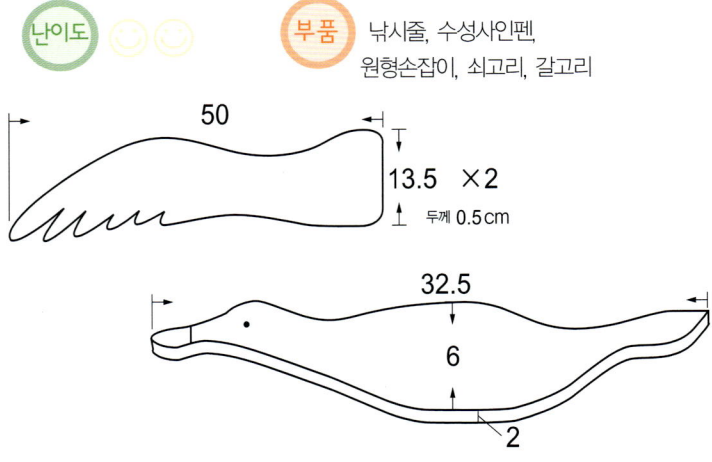

50
13.5 ×2
두께 0.5 cm

32.5
6
2

1 얇은 나무판 두 개에 날개의 모양을 그린다.

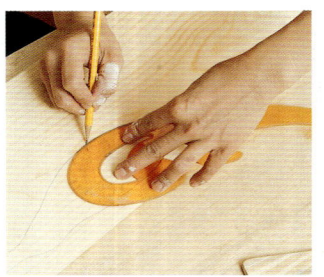

2 두꺼운 나무판 위에 새의 몸체를 그린다.

3 전동 직소로 그려진 선을 따라 자른다.

4 트리머에 원형 비트를 장착하여 몸체의 가장자리를 둥글게 다듬어준다.

5 몸체 양쪽에 전동 드릴로 낚싯줄을 연결할 작은 구멍을 뚫는다.

6 날개판의 직선 부분 중앙에 낚싯줄을 끼울 구멍 네 개를 뚫는다.

7 날개와 몸체에 하얀 스프레이를 뿌리고, 부리 부분은 붉게 칠한다.

8 낚시줄을 날개판과 몸체의 구멍에 끼우고 잘 묶는다.

9 나무 막대를 준비하여 양쪽 끝에 가는 구멍을 뚫고, 날개쪽 바깥 구멍을 통과한 낚시줄의 한쪽 끝을 나무 막대에 맨다.

10 다른 쪽 날개도 같은 방법으로 나무 막대에 맨다. 높이를 조절한 다음 두 낚시줄을 한데 묶는다.

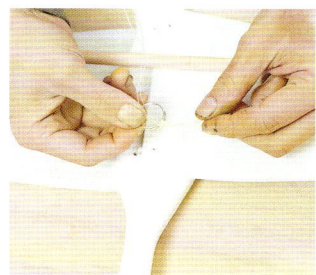

11 함께 묶인 낚시줄에 쇠고리를 단다.

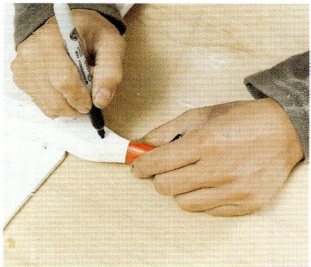

12 검정 수성사인펜으로 부리의 뒤쪽에 눈을 그려준다.

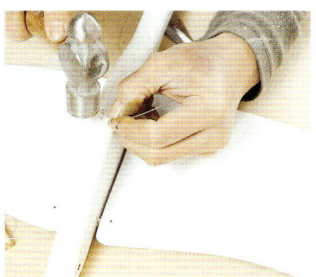

13 작은 쇠못에 낚시줄을 감은 것을 갈매기의 몸체에 고정시킨다.

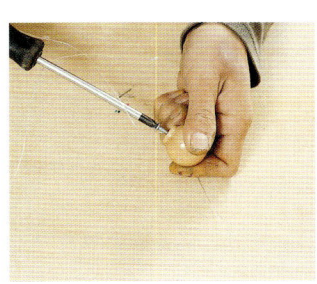

14 낚시줄을 필요한 길이만큼 남겨두고, 갈매기를 당기는 손잡이를 만든다.

15 모빌을 걸 갈고리를 천장에 고정시키고 나무막대부분을 걸면 완성된다.

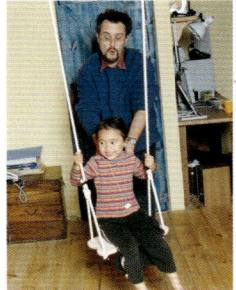

집안에서도 신나게 놀 수 있는

미니 그네

08

우리 집에는 공간을 분리하는 칸막이가 거의 없어 공간이 넓고 탁 트여 보입니다. 놀이터에 가면 종종 그네에 자리가 없어서 한번 타려면 오랫동안 기다려야 합니다. 그래서 소피를 위해 집안에 그네를 만들어 주기로 하였습니다. 나무판자와 밧줄, 나사로 한 시간 만에 완성할 수 있었습니다.

 난이도 😊

 부품 굵은 밧줄, 검은색 테이프, 도마뱀 나사

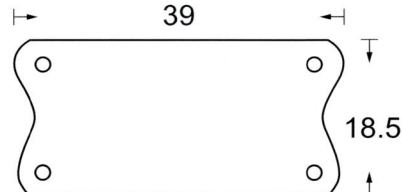

쓰지 않을 경우 고리에서 빼서 수납하면 공간을 차지하지 않는다.

1 작은 나무 판자를 필요한 크기로 자른다.

2 나무판의 네 모서리에 원통을 대고 둥글게 그린다.

3 전동 직소로 모서리에 그린 선을 따라 자른다.

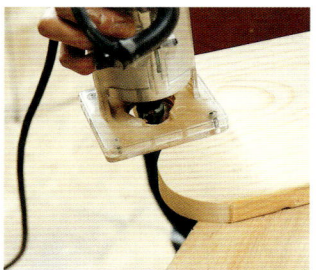

4 트리머에 원형 비트를 끼우고 나무판의 양쪽면 모두 모서리 처리를 한다.

5 나무판의 네 모서리에 구멍을 뚫는다.

6 뚫은 구멍에 밧줄을 끼우고, 필요한 길이만큼 자른다.

7 밧줄의 끝을 나무판 뒤쪽으로 단단하게 묶고 끝에는 검정색 테이프로 감아준다.

8 전동 드릴에 시멘트용 비트를 끼우고 천장에 두 개의 구멍을 뚫는다. 구멍의 간격은 그네 나무판 너비보다 약간 크게 한다.

9 망치로 고리못의 나사 부분을 문틀 위쪽에 박아 넣는다.

10 고리를 나사 부분에 연결하여 꽉 죄어준다.

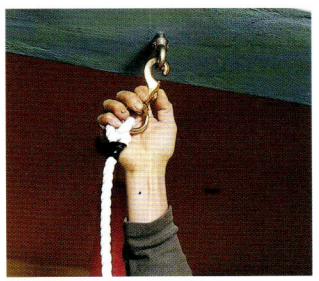

11 그네판에 끼운 밧줄의 한쪽 끝을 고리에 연결하고 끝을 검정테이프로 둘러 고정한다. 고리를 문틀에 박힌 고리와 연결한다.

12 완성! 그네판 위에 멋진 그림을 그려주는 것도 좋다.

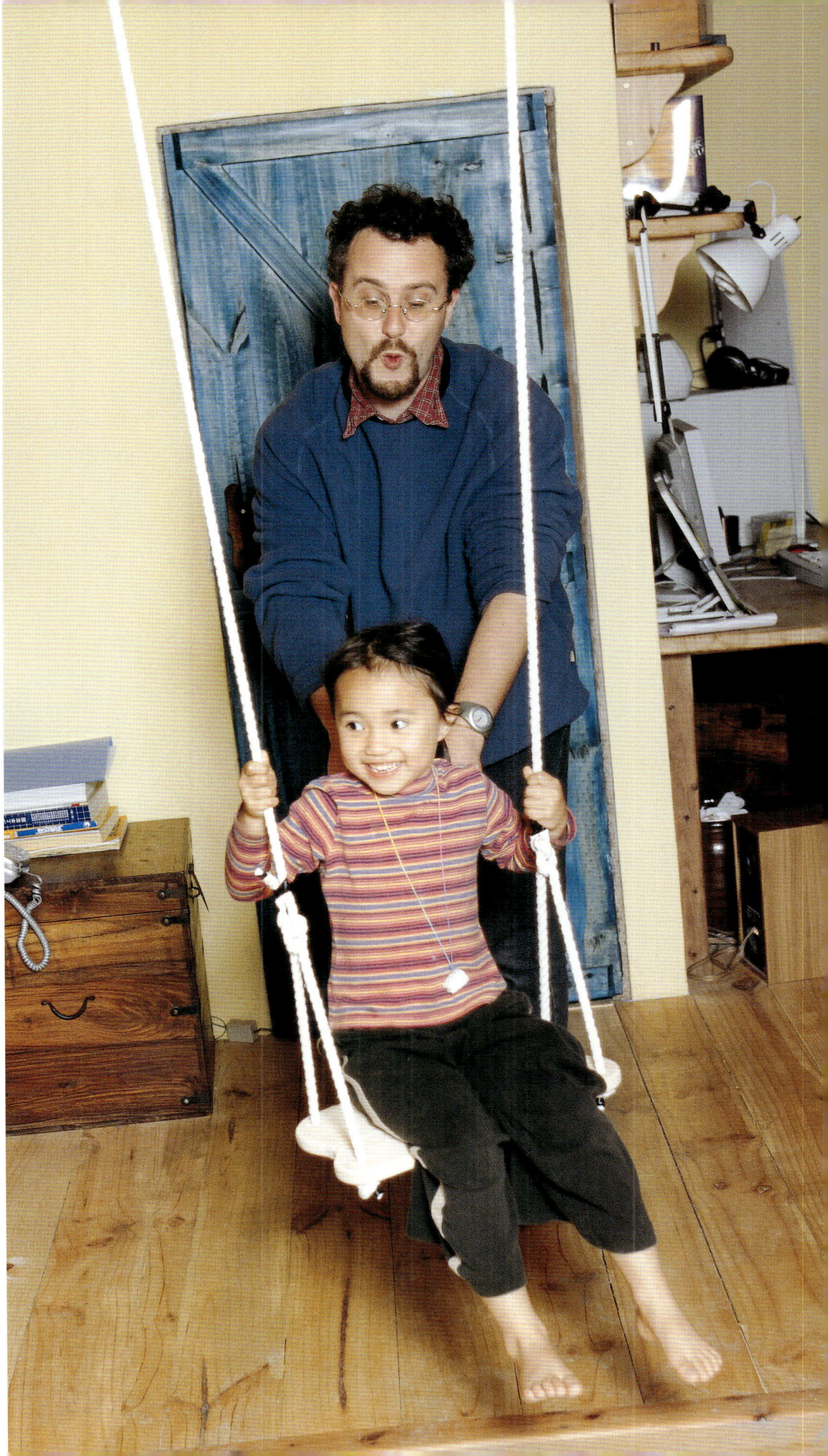

Part 4

독립심을 기르는 7개의
생활용품

어린이들이 자라는 과정에서 독립심을 기르는 일은 아주 중요합니다. 이러한 일은 어린이들로 하여금 자신의 일을 스스로 해결하는 데서부터 시작됩니다. 장난감을 치우는 것, 양치질, 세수 등 자주 사용하는 생활용품들의 모양과 색깔을 다양하게 바꿔보는 것도 어린이들로 하여금 이런 일들에 대해 흥미를 느끼게 하는 좋은 방법이 될 수 있습니다.

DIY

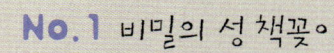

 ·  ·  ·

문을 열면 펼쳐지는 꿈의 세계

01

비밀의 성 책꽂이

창문을 사진 액자로 사용할 수 있다.

소피는 동화책을 보면서 상상한 것을 그림으로 그리곤 합니다. 스케치북을 들여다보면 가장 많이 등장하는 것이 공주가 사는 성인데, 커다란 문과 커다란 창문, 창문 안에 보이는 웃고 있는 사람들을 보면 소피가 어떤 집에 살고 싶어하는지 알 수 있습니다. 저는 그림 속의 집을 현실로 끌어내 커다란 책꽂이로 만들었습니다. 커다란 집의 문을 열면 책꽂이가 나오고, 큰 창문 속에는 우리 가족의 행복한 사진이 끼워져 있습니다. 바닥 부분에는 다섯 개의 고리를 달아 소피의 가방을 정리할 수 있도록 했습니다. 이 책꽂이는 예쁘면서 실용적이고, 무엇보다 공간을 많이 차지하지 않는다는 점에서 마음에 쏙 듭니다.

 손잡이 여러 개, 경첩 4개
문고리 한 세트, L형 철판 2개

걸고리에 가방을 걸어놓을 수 있다.

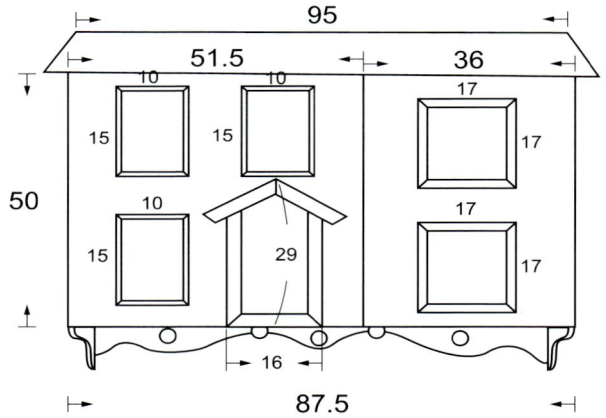

문을 열면 안쪽에 책이나 장난감을 수납할 수 있는데, 소피가 보물을 숨겨두는 비밀공간이기도 하다.

성벽의 문과 창문

걸고리를 붙일 목판

공간 분리용 목판

측면용 목판

|목재 준비|

1 책의 너비를 고려해서 너비가 같은 목판 두 개를 자르고, 같은 너비의 측면용 목판을 자른다. 측면용 목판은 밑부분을 곡선으로 예쁘게 잘라준다.

2 직사각형 목판 두 개를 더 마련하여 책꽂이의 문을 달아준다. 두 문짝을 합한 너비는 책꽂이의 너비와 같아야 한다. 창문은 원하는 모양대로 디자인한다.

3 창문 부분을 파내기 전에 먼저 전동 드릴로 창문을 그린 선 위에 구멍을 뚫는다.

4 전동 직소날을 뚫린 구멍에 넣어 창문 모양을 잘라낸다.

5 트리머에 원형 비트를 장착하여 나무판의 모든 모서리를 둥글게 다듬는다.

6 책꽂이 길이와 같은 나무판을 준비하여 전동 직소로 한쪽 변을 물결무늬로 잘라 밑의 걸이판을 만든다.

7 걸이판 위에 구멍을 뚫고 다시 원형 비트를 사용하여 모서리 처리를 한다.

8 구멍 위에 나사를 박고 손잡이를 장착한다.

9 측면의 목판은 중앙과 밑에 조립할 위치를 표시한 후 바깥쪽에 나무못을 박을 5mm짜리 구멍을 겹쳐 뚫는다. 공용 풀을 바른다.

10 두 개의 선반을 측면 목판에 고정하고, 바깥쪽에서부터 나사를 박아 넣는다.

11 걸고리판의 윗변에 목공용 풀을 발라 책꽂이 밑바닥에 붙인다.

12 측면 나무판에 작은 구멍을 뚫고 나무못을 박을 5mm구멍을 겹쳐 뚫은 후, 나사를 박아 고정한다.

13 바깥쪽 모든 구멍에 나무못을 박아 넣는다.

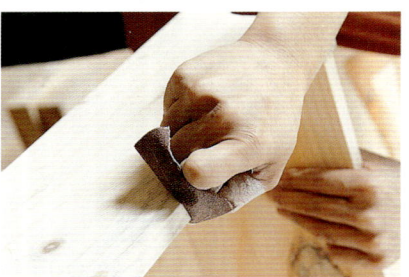

14 전동 샌더로 표면을 갈아 매끄럽게 해주고, 좁은 곳은 사포로 갈아준다.

15 책꽂이보다 좀 더 긴 나무판을 구해 천장을 만든다. 전동 직소로 긴 모서리를 45도로 자른다.

16 측면 목판의 위쪽 모서리에 접착제를 바른다.

17 지붕이 될 목판을 측면 목판 위에 올려놓고 위치를 조정한다.

18 연결할 부분에 구멍을 뚫어 나사를 박고, 다시 5mm 크기의 나무못 구멍을 뚫은 다음 나무못을 박아 조립한 후 전동 샌더로 갈아 손질한다.

19 원형 비트를 장착한 트리머로 책꽂이 전체에 모서리 처리를 해준다.

20 책꽂이의 천장을 원하는 색으로 칠하고 건조시킨다.

21 문으로 쓸 나무판은 흰색 스프레이로 칠해준다.

22 색을 칠한 후 마른 수건으로 닦아주면 염료가 골고루 퍼지면서 나무의 질감도 살릴 수 있다. 양면 모두 작업한다.

23 창틀로 쓸 나무 막대도 크기를 맞춰 준비하여 스프레이를 뿌려준다.

24 나무 막대에 접착제를 붙여 창문 둘레에 붙인다.

25 만들어진 두 개의 문에 경첩을 달고 책꽂이와 연결한다.

26 문짝과 어긋나지 않도록 책꽂이에도 안전 자석 경첩을 달아준다.

27 완성된 책꽂이를 벽에 대고 수평기로 위치를 잡아준 후 나사와 L자 고정쇠를 박을 곳을 표시한다.

28 전동 드릴에 시멘트용 비트를 장착하고 벽면에 표시된 곳에 구멍을 뚫는다. 구멍 안에 PVC 앙카를 박는다.

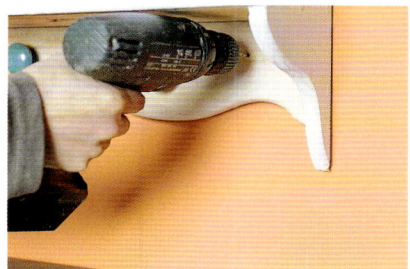

29 미리 뚫어놓은 구멍에 맞추어 걸고리판에 나사를 박아 벽면에 고정한다.

30 책꽂이 안쪽은 L자 고정쇠와 나사를 이용하여 벽면에 단단히 고정시킨다.

31 책과 다양한 소지품을 수납할 수 있는 비밀의 성 책꽂이가 완성!

꿈을 안고 더 높이

비행기 책꽂이

02

해마다 스코틀랜드의 시어머니 댁에 갈 때면 이웃들의 집도 방문하며 지난 일 년 동안 있었던 재미있는 일들을 이야기하곤 합니다. 이웃들의 집을 방문하다 보면 신기한 물건들도 발견할 수 있는데, 집으로 돌아온 후에는 기억나는 모양을 토대로 새로운 가구를 만들어보기도 합니다. 비행기 모양의 책꽂이도 이렇게 탄생하였습니다.

이 비행기 모양의 책꽂이는 남자아이들에게 특히 인기가 많습니다. 이 책꽂이를 보는 사람마다 앞쪽의 프로펠러를 돌려보곤 합니다. 만약 남자아이에게 선물을 준다면 이런 책꽂이를 하나 만들어 주는 것도 괜찮을 것입니다.

책꽂이가 너무 높으면 아빠의 도움을 청할 수도 있다. 아빠와의 친밀감도 훨씬 좋아질 것이다.

난이도 ☺☺☺☺

부품 나무막대기, L형 철판 2개

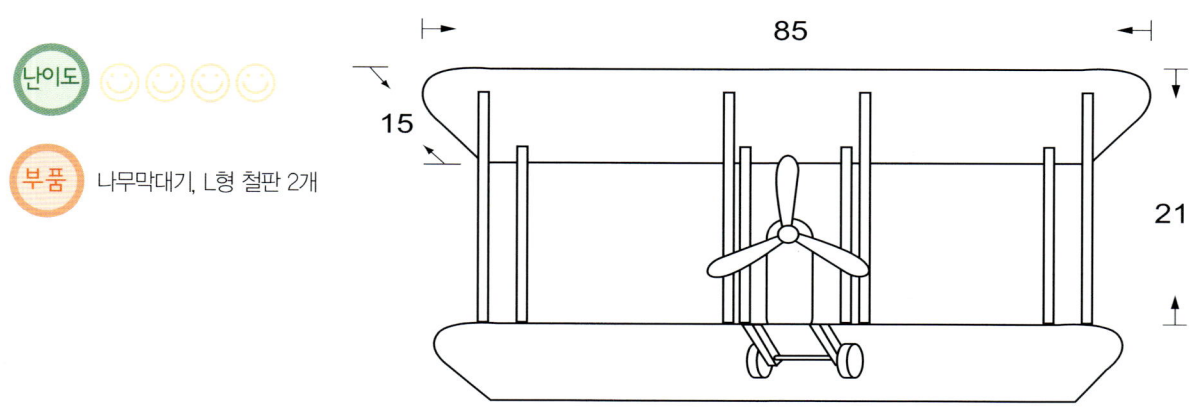

비행기 머리

1 직사각형 나무토막의 긴 쪽에 사선을 그린다(각도는 클 필요가 없다). 넓은 쪽에는 호를 둘러준다.

2 전동 직소로 선을 따라 자른다.

3 트리머이 직선 보조기를 장착하면 홈을 직선으로 팔 수 있다.

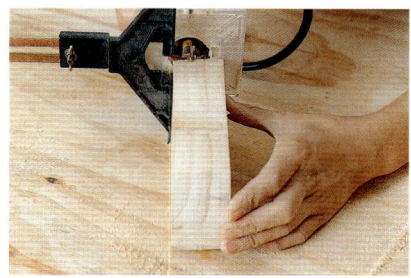

4 보조기를 나무토막의 측면에 대고 트리머를 쭉 앞으로 밀어준다.

5 홈을 파는 작업은 세 번 이상 해야 원하는 너비의 홈을 팔 수 있다.

6 전동 드릴로 홈의 앞부분에 구멍을 뚫는다.

7 조각칼로 홈 내부의 울퉁불퉁한 곳을 정리한다. 목공용 고정대를 사용하면 나무토막을 고정시킬 수 있다.

8 트리머에 원형 비트를 장착하여 나무토막의 모서리를 둥글게 처리한다.

9 비행기 동체가 완성되었다.

책꽂이 선반

10 긴 나무판 두 개를 길이가 같도록 자르고, 긴 변의 모퉁이에 원형 물체를 대고 동그랗게 그려준다.

11 전동 직소로 선을 따라 자른다.

12 그중 한 나무판에 동체를 장착할 중앙선을 표시한다.

13 중앙선에 구멍 두 개를 뚫고 받침판으로 사용한다.

14 나무판을 뒤집은 다음, 나무못을 박을 5mm의 구멍을 뚫어준다.

15 트리머에 원형 비트를 장착하고 두 나무판의 직선 모서리를 제외한 모든 모서리를 둥글게 처리한다.

16 나무판의 모서리에 각각 깊이 1cm의 구멍을 뚫는다.

17 나무 막대를 원하는 길이로 8개 자른다.

18 작은 원통형 나무토막 두 개와 사선으로 자른 원통형 나무토막 두 개의 중앙에 구멍을 뚫어 비행기의 바퀴로 삼는다.

19 비행기 동체, 날개(선반), 비행기 바퀴를 각각 다른 색으로 도색하고 건조시킨다.

20 나무막대를 세워서 스프레이를 뿌리면 골고루 색을 칠할 수 있다.

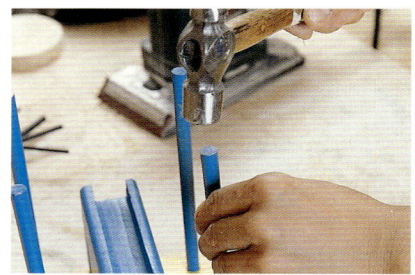

21 나사로 동체를 날개판에 고정시키고 나무못으로 막는다. 나무 막대를 각각 날개판의 구멍에 끼워넣는다.

22 나무막대를 두 날개판에 꽂은 후, F형 클램프로 조여 더욱 단단히 끼워넣는다.

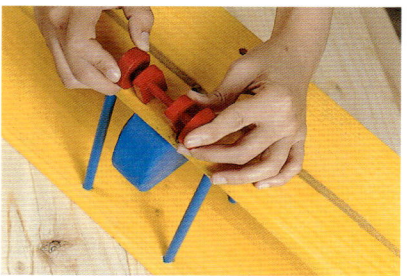

23 짧은 나무막대를 준비하여 바퀴가 될 나무토막 4개를 순서대로 끼우고 사선면에 접착제를 발라 아래쪽 날개판에 붙인다.

24 비행기 동체의 앞쪽에 작은 구멍을 뚫는다.

25 프로펠러를 꽂아 넣는다.

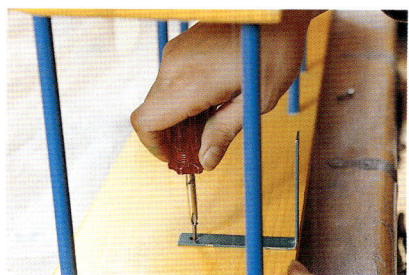

26 L형 고정쇠를 벽과 아래쪽 날개판 위에 장착한다.

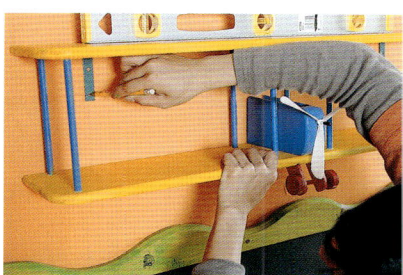

27 책꽂이를 벽에 대고 수평기로 위치를 조절한 다음, 나사를 박을 위치를 표시한다.

28 전동 드릴에 시멘트용 비트를 장착하고 표시한 자리에 구멍을 뚫는다.

29 구멍에 PVC 앙카를 박아 넣는다.

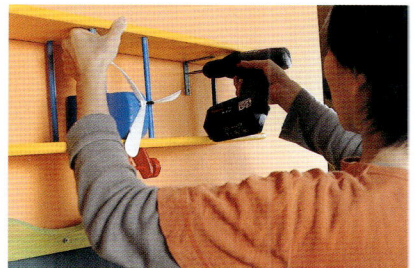

30 나사로 책꽂이를 벽면의 구멍에 고정시킨다. L자 고정쇠로 벽면과 연결하면 훨씬 견고해진다.

아이들의 보물창고

오색 수납함

03

우리 집에 오는 손님들은 소피에게 줄 선물을 들고 오는 경우가 많은데, 세월이 지나자 선물들을 보관할 장소가 부족해지기 시작했습니다. 특히 퍼즐 그림 같은 경우 책꽂이에서 종종 떨어져 바닥을 굴러다녀 수납함을 만들어야겠다고 결심했습니다. 이번에 설계한 수납함은 뚜껑을 여닫을 수 있게 해서 크기가 큰 동화책이나 퍼즐, 화판을 수납할 수 있습니다. 또 작은 서랍들을 만들어 색깔이나 종류에 따라 분류하여 넣을 수 있도록 하였으며, 평평한 윗판은 책상 역할도 할 수 있습니다.

수납함이 완성되자, 우리 집에 놀러 온 아이들마다 집으로 돌아가서 엄마에게 똑같이 만들어달라고 조르기 시작했습니다. 소피도 뿌듯한 모양입니다.

서랍의 색에 따라 각각 다른 종류의 물건을 수납하게 한다.

수납함의 뚜껑을 열면 커다란 물건들을 수납할 수 있다.

난이도 ☺☺☺☺☺

부품 경첩 2개, 손잡이 7개

칸막이용 목판(3장) 뚜껑용 목판 뒷판 측면 목판(2장) 큰 서랍 작은 서랍(6개)

아이들은 밝은 색상의 수납함에 흥미를 가져 모든 물건을 스스로 정리하려고 한다.

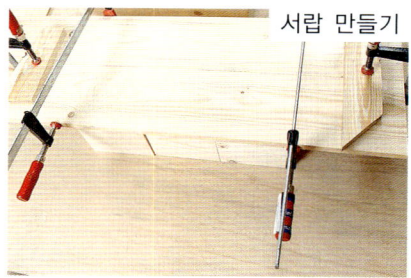

서랍 만들기

1 먼저 긴 나무판 두 개를 병렬로 붙이고 F형 클램프로 고정한다. 필요한 길이만큼 잘라 뚜껑을 만들고 같은 방법으로 뒷판을 만든다.

2 (1)과 같은 방법으로 칸막이용 목판 3개와 측면 목판 2개를 더 만들고, 트리머로 측면 목판과 칸막이판의 한쪽의 긴 변 측면에 홈을 판다.

3 측면용 목판 밑부분에 나사를 박을 구멍을 뚫는다. 나무못을 박을 수 있도록 5mm 구멍을 겹치게 뚫는다.

4 작은 서랍 6개와 큰 서랍 1개를 만든다. 단, 한쪽 변에만 홈을 판다.

5 트리머에 원형 비트를 장착하여 작은 서랍의 안쪽 모서리를 다듬는다.

6 큰 서랍의 안쪽 모서리는 큰 알판 비트를 사용하여 처리한다.

7 굵은 나무막대를 준비하여 사진과 같은 나무토막 4개를 만든다. 수납함의 다리가 될 부분이다.

8 트리머에 원형 비트를 장착하여 나무토막의 빗변 모서리를 둥글게 굴려준다.

조립

9 두 측면 목판의 밑부분에 목공용 풀을 바른다.

10 측면 목판의 밑부분에 칸막이용 목판을 나사로 연결한다.

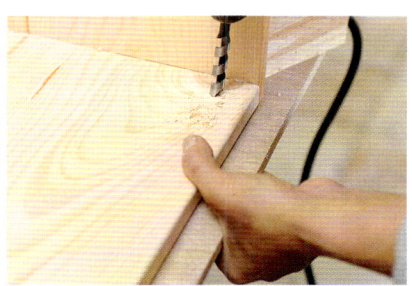

11 수납함의 바닥 네 모서리에 각각 구멍 두 개를 뚫고 그 위에 5mm 구멍을 겹치게 뚫는다.

12 수납함의 네 발에 목공용 풀을 발라 네 모퉁이에 붙이고, 다시 나사로 고정한 다음 나무못을 박는다.

13 전동 샌더로 나무못이 튀어나온 부분을 매끄럽게 다듬는다.

14 서랍 세 개는 바닥판 위에 올려놓고, 그 위에 칸막이를 고정할 위치를 표시한다.

15 뒷판을 측면 목판 뒤쪽의 홈에 끼워 넣는다.

16 두 번째 칸막이용 목판을 표시해 둔 측면 목판 위치에 고정한다.

17 세 번째 칸막이용 목판도 같은 방법으로 고정한다.

18 측면의 모든 나사 구멍에 나무못을 박는다.

19 전동 샌더로 나무못이 튀어나온 부분을 매끄럽게 다듬는다.

20 트리머에 원형 비트를 장착하여 모서리를 다듬어준다.

21 뚜껑의 모서리에 원통을 대고 둥그렇게 그려준다.

22 선을 따라 뾰족한 모서리를 전동 직소로 둥그렇게 자른다.

23 뚜껑과 뒷판이 닿는 부분에 경첩을 장착할 수 있도록 홈을 판다.

24 경첩을 홈에 고정한다.

25 맨 윗칸에 서랍을 넣고 그 위에 뚜껑을 덮는다. 경첩의 다른 한쪽을 뚜껑면에 고정한다.

26 작은 서랍들을 각각 다른 색의 스프레이로 칠하고 건조시킨다.

27 서랍의 앞에 손잡이를 부착한다.

28 서랍을 모두 넣으면 완성!

어디든지 함께 하는

장난감 수납 카트

04

소피는 종종 엄마놀이를 하고 싶어합니다. 나에게 우는 척을 하라는 둥, 밥을 달라고 보채라는 둥 며칠 동안 계속된 요구에 한 가지 아이디어를 냈습니다. 바로, 소피가 인형들의 엄마가 될 수 있도록 유모차를 만들어 주는 것이었습니다. 카트에는 장난감들을 수납할 수도 있고, 소피가 좋아하는 인형을 태우고 쇼핑을 하러 갈 수도 있습니다. 카트가 완성되자, 딸아이는 매우 기뻐했습니다. 인형들을 태우고 돌아다니며 엄마 흉내를 내는가 하면, 자발적으로 장난감들을 카트에 넣어 정리하기도 합니다.

좋아하는 장난감들을 카트에 담을 수 있다.

난이도 ☺☺☺   부품 나무막대기

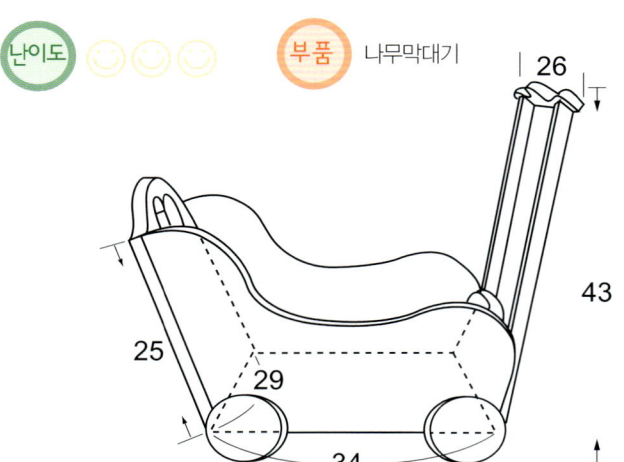

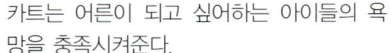

카트는 어른이 되고 싶어하는 아이들의 욕망을 충족시켜준다.

나무막대기

손잡이

뒷 칸막이

옆 칸막이

옆 칸막이

바퀴 바퀴

앞 칸막이

| 준비해야 할 재료들 |

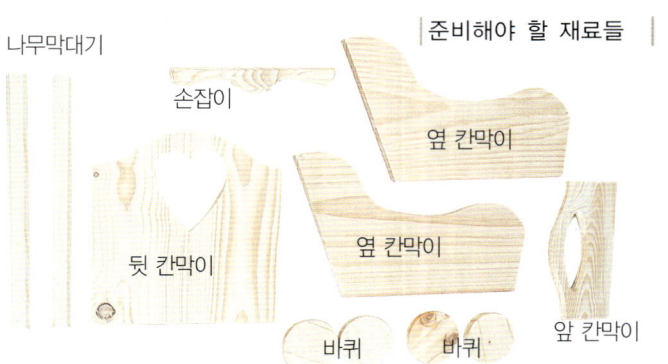

1 목판에 손잡이 모양을 그린다. 호를 그릴 때에는 원통형 물체를 이용한다.

2 목판 위에 앞쪽 판막이를 그린다. 원형 물체를 이용하여 두 점에서 만나는 호를 그린다.

3 앞쪽 칸막이와 같은 방법으로 뒷 칸막이를 그린다. 가운데에는 곡선자를 활용하여 하트 모양을 그린다.

4 목판 위에 옆 칸막이를 그린다. 곡선자를 이용하여 완만한 곡선을 그린다.

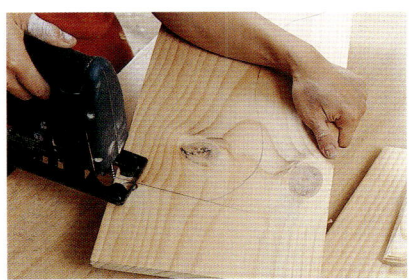

5 목판 위의 선을 따라 전동 직소로 잘라낸다. 옆 칸막이는 먼저 하나를 자른 다음 자른 것을 대고 똑같이 하나를 더 자른다.

6 목판 의에 바퀴로 쓸 원을 그리고 전동 직스로 잘라낸다. 총 4개를 만든다.

7 옆 칸막이를 뒷 칸막이에 대고 나사를 박을 위치를 표시한다. 나사 구멍을 뚫고 그 위에 나무못을 박을 5mm의 구멍을 다시 뚫는다.

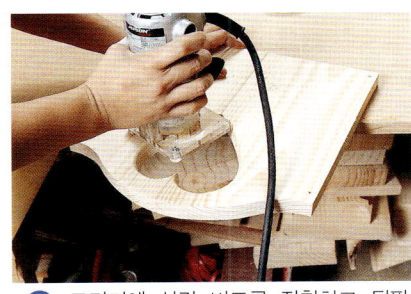

8 트리머에 삼각 비트를 장착하고 뒷판 하트 모양 내부를 모서리 처리 해준다. 나머지 모서리는 완성 후 실시한다.

9 칸막이를 조립할 때 서로 닿는 부분에 목공용 접착제를 바른다.

10 옆 칸막이를 뒷판에 붙이고 나사로 고정한다.

11 다른 쪽 칸막이도 같은 방법으로 고정한다.

12 트리머에 삼각 비트를 장착하고 곡선 모서리를 처리한 후 앞쪽 칸막이를 조립한다.

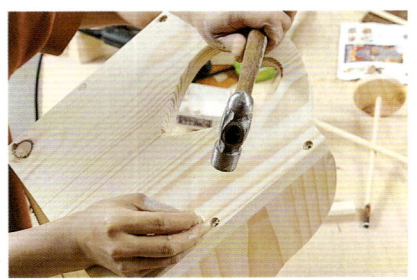

13 나사 구멍 위에 나무못을 박는다.

14 전동 샌더로 나무못이 튀어나온 부분을 매끄럽게 다듬는다.

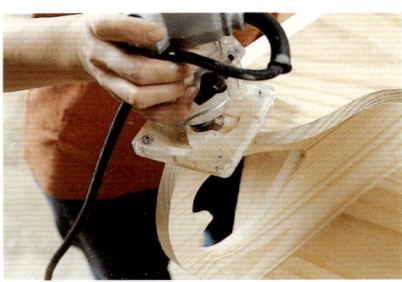

15 트리머에 원형 비트를 장착하여 전체적인 모서리 처리를 한다. 뒷판은 삼각 비트를 사용한다.

16 옆판에 바퀴를 장착할 구멍을 뚫는다.

17 손잡이가 될 나무 막대는 연결 부위를 제외하고 삼각 비트를 장착한 트리머로 모서리 처리를 한다.

18 목공용 접착제로 손잡이를 카트 앞쪽 칸막이에 붙인다.

19 나무 막대와 앞쪽 칸막이가 닿는 부분에 구멍을 뚫고 나사를 박는다. 그 위를 나무못으로 막는다.

20 원형 비트를 이용하여 바퀴 모서리를 둥글게 처리한다. 바퀴의 중심에 나사 구멍을 뚫고 다시 중심 축을 끼울 5mm 깊이의 구멍을 뚫는다.

21 원통형 나무 막대 두 개를 준비하여 바퀴의 축으로 삼는다. 축을 카트에 조립하고 양쪽에 바퀴를 조립한다. 바퀴 바깥쪽에 나사를 박아 고정한다.

22 적당한 크기의 나무판을 잘라 카트의 바닥으로 사용하면 완성된다.

휴대하기 편한

05

이동식 수납상자

야외용 대형 도미노를 보관할 상자를 만들기 위해 커다란 이동식 수납상자를 설계했습니다. 손잡이가 달려 있어 소풍 갈 때 편하게 들고 다닐 수 있습니다.

사실 나무 상자를 만드는 것은 매우 간단합니다. 육면체이기 때문에 신경 써서 디자인할 필요가 없고, 여닫이 뚜껑을 만들면 넘어지더라도 열리지 않습니다. 같은 방법으로 다양한 크기의 상자를 만들 수 있는데, 필통이나 수납함, 전자제품 케이스 등으로 활용할 수 있습니다.

난이도 ☺ ☺ **부품** 입체철판, 손잡이

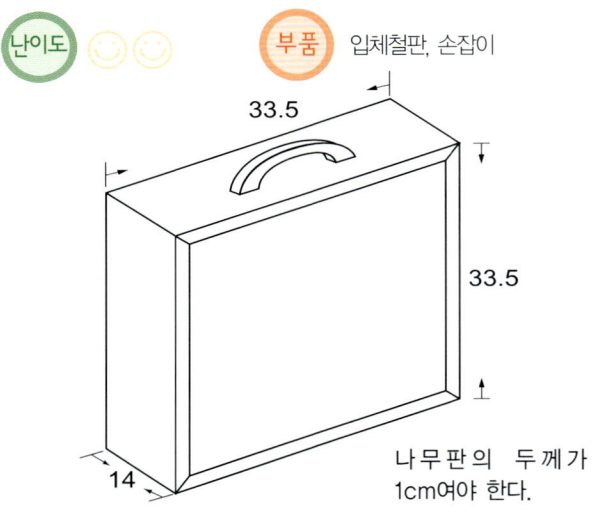

33.5

33.5

14

나무판의 두께가 1cm여야 한다.

아이들이 자신의 소지품을 넣어서 들고 다니도록 한다.

1 나무판 앞면 가장자리에 트리머로 홈을 판다.

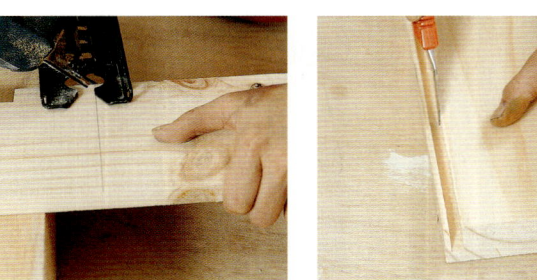

2 옆면이 될 나무판을 같은 길이로 4개 자른다. 전동직소로 자를 때에는 절단면이 45도 각이 되도록 하고, 홈이 파인 면은 경사의 안쪽이 되도록 한다.

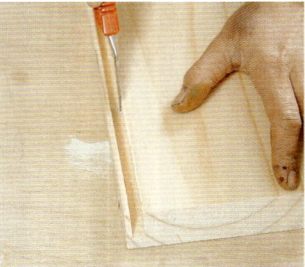

3 4개의 나무판 중 하나의 홈의 외벽을 잘라낸다.

4 4개의 나무판을 조립했을 때보다 약간 큰 정사각형의 나무판 두 개를 만든다. 모든 홈에 접착제를 바른다.

5 바닥판을 옆면 나무판의 홈에 끼워넣고 고정한다.

6 조립한 후 목공용 로프로 단단히 감아서 약 1~2시간 동안 고정한다.

7 잘라낸 홈의 외벽을 윗판 끝 한쪽에 붙인다.

8 모든 나무판 표면에 티크 오일을 바르고 건조시킨다.

9 여닫이가 있는 모서리를 제 외한 모든 모서리에 철제 코너를 부착한다.

10 여닫이 덮개가 있는 쪽 의 옆면에 손잡이를 달 수 있도록 구멍을 뚫는다.

11 손잡이를 연결한다.

12 여닫이 덮개를 닫으면 완 성!

혼자서도 잘해요

자동차 칫솔통

06

소피는 양치질을 싫어해서 양치질을 시키면 10초만에 후딱 해치우거나 침대 속에 들어가서 나오지를 않습니다. 어떻게 하면 양치질을 좋아하게 만들 수 있을까 고민하다가 칫솔통에 모래시계를 붙여보았습니다. 그랬더니 양치질을 시작할 때 모래시계를 뒤집어 모래가 다 떨어질 때까지 양치질을 한 다음 입을 헹구고, 칫솔은 자동차 모양의 소피 전용 칫솔통에 꽂아놓았습니다. 아이가 좋아하는 캐릭터가 뭔지 파악하여 좋아하는 모양으로 만들어주면, 아이들도 양치질 시간을 즐기게 될 것입니다.

아이는 어느새 양치질 시간을 좋아하게 될 것이다.

난이도 ☺☺ **부품** 모래시계, 가는 끈, 발포제염료

1 작은 직사각형 목판을 트리머로 모서리처리를 해준다. (삼각 비트 장착)

2 목판을 전동 샌더로 매끄럽게 갈아준 후 스프레이 페인트를 뿌리고 마르기를 기다린다.

3 짧고 굵은 원통형 나무막대에 큰 지름의 비트를 장착한 전동 드릴로 깊이 5~8cm의 구멍을 뚫는다.

4 모래시계를 만들어진 원통 옆에 대고 중간점 위치를 표시한다.

5 표시된 곳에 전동 드릴로 작은 구멍을 뚫는다.

6 나무통 전체에 스프레이 페인트를 뿌리고 말린다.

7 끈을 모래시계의 중간에 묶고 나무통에 뚫은 구멍에 통과시켜 매듭을 만든다. 모래시계를 여러 번 돌려서 단단히 묶는다.

8 목판을 하나 더 준비하여 아이가 좋아하는 모양을 그린다.

9 여기서는 자동차를 그려보았다.

10 전동 직소로 그려진 그림대로 나무판을 자른다. 전동 샌더로 잘라낸 부분을 매끄럽게 갈아준다.

11 여러 가지 색깔의 발포제를 바르고 건조시킨다.

12 자동차와 나무통을 목판에 고정하면 완성!

예쁘고 멋지게

동물 모양 거울

07

시중에서 판매되는 거울은 모두 단조로운 모양이라, 한창 호기심과 창의력이 왕성한 아이들에게는 너무 무미건조하다는 생각이 들었습니다. 자투리 목판 두 개를 이어붙여 커다란 목판을 만들고, 그것을 마음 내키는 모양으로 잘라서 재미있는 모양의 거울을 만드니 소피도 이 거울 앞에서 치장하는 것을 좋아하게 되었습니다. 거울을 만드는 것은 아주 간단합니다. 아이가 좋아하는 모양으로 잘라서 만들면 됩니다. 남자아이라면 자동차, 잠수함, 비행기 모양으로 만들어주면 되고, 여자아이라면 인어공주, 꽃, 강아지 같은 동물 모양으로도 만들어 주면 좋습니다.

난이도 ☺   **부품** 거울(치수를 결정하고 주문제작), 걸고리 1개, 철판 4개

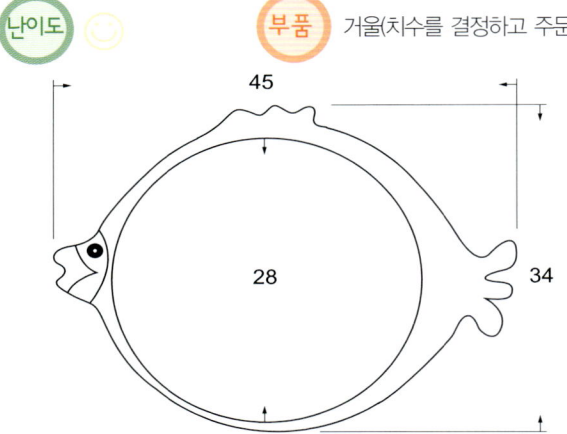

45
28
34

1 먼저 큰 목판 위에 대략적인 동물의 모양을 그린다.

2 그림의 중앙에 컴퍼스로 거울을 붙일 원을 그린다.

3 전동 드릴로 거울을 넣을 원의 테두리에 구멍 하나를 뚫는다.

4 뚫린 구멍에 전동 직소를 넣어 원을 잘라낸다.

5 미리 그린 동물 모양을 따라 목판을 자른다.

6 트리머로 잘라낸 원의 안쪽 모서리에 거울 두께(약 3mm)만큼 홈을 파고 바깥쪽은 원형 비트로 모서리를 처리한다.

7 틀의 앞뒷면을 전동 샌더로 매끄럽게 다듬는다.

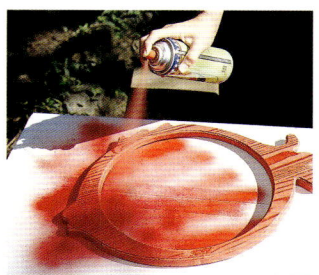

8 붉은색 스프레이를 뿌린다.

9 거울 뒷면에 강력 접착제를 바른다.

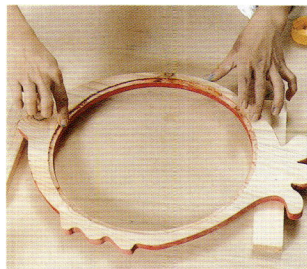

10 원형 틀 안쪽 홈에 접착제를 바른다.

11 거울의 앞면을 밑으로 하여 틀의 홈에 끼워 넣는다.

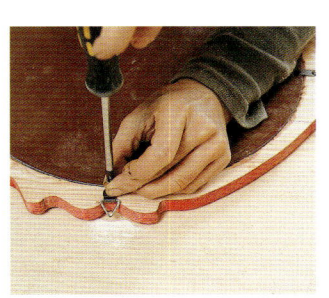

12 거울의 네 곳에 철판을 고정하고 그것을 나무 위에 고정한다. 원형 목판의 위쪽에 걸고리를 장착한다.

13 앞면을 좋아하는 색으로 칠하고 말리면 완성!

Part 5

재미있고 안전한 5개의
대형가구

아이들의 작은 몸에 맞지 않는 가구는 때로 위험을 초래할 수 있습니다. 하지만 자라나는 아이들의 몸에 맞추어 매번 가구를 장만하기란 현실적으로 어렵습니다. 여러 가지 용도로 쓰일 수 있는 가구를 직접 만든다면 비용을 절약할 수 있고 안전성 또한 믿을 수 있습니다.

DIY

No.1 키보드 받침대
No.2 2인용 모래놀이 테이블
No.3 모자이크 테이블
No.4 신기한 벤치
No.5 컬러풀 강아지집

편안한 연주를 위한

01

키보드 받침대

아이를 위해 중고 키보드를 장만했는데, 받침대가 없어 땅이나
책상 위에 놓다보니 여간 불편한 것이 아니었습니다. 게다가 아
이의 자세도 나빠지는 것 같아 키보드 받침대와 의자를 만들어보
았습니다. 귀여운 받침대와 의자가 있으니 아이도 더욱 열심히
연습하는 것 같습니다.

높이가 적당하여 편안하게 연주할 수 있다.

난이도 ☺☺☺

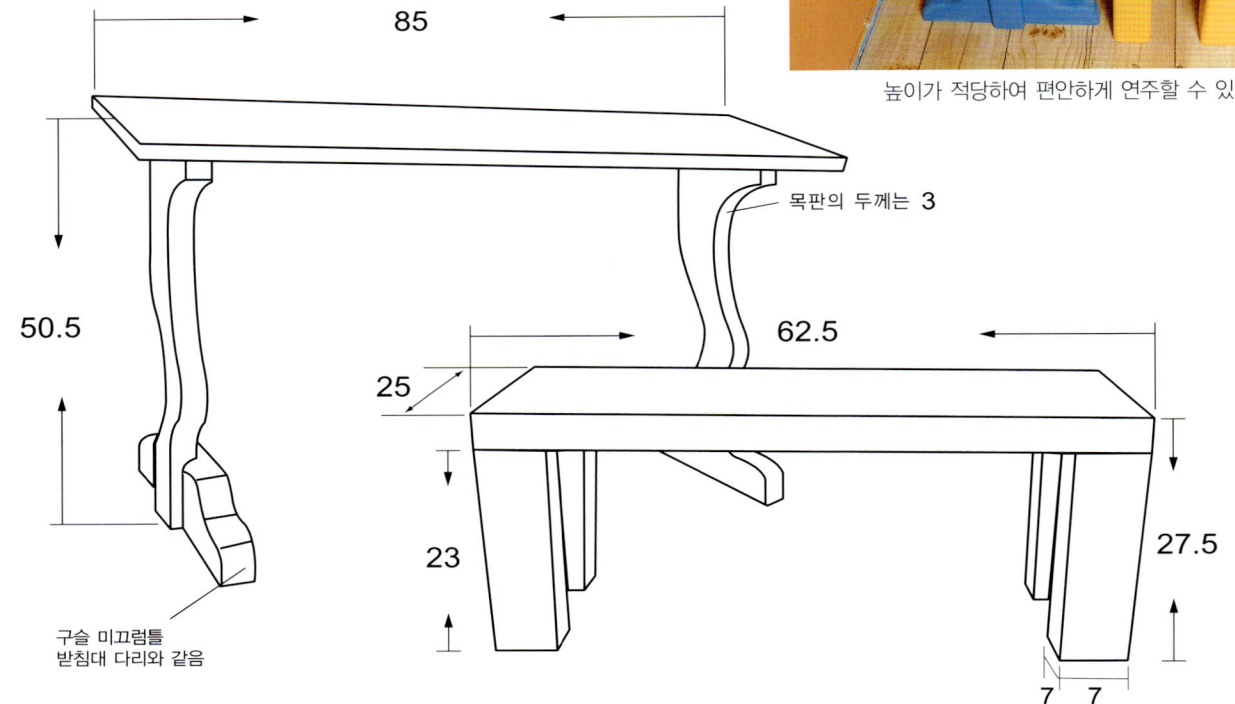

85

목판의 두께는 3

50.5

62.5

25

23

27.5

구슬 미끄럼틀
받침대 다리와 같음

7 7

1 긴 목판을 준비하여 키보드의 길이대로 자른다.

2 전동 샌더로 매끄럽게 다듬는다.

3 트리머에 알판 비트를 장착하여 목판 테두리를 모서리 처리한다.

4 모서리 처리가 끝나면 다음과 같은 모양이 된다.

5 나무토막 두 개에 둥그런 곡선을 가진 받침대 다리를 그린다.

6 전동 직소로 나무토각에 그린 선을 따라 자른다.

7 발의 중앙을 수직 지지대의 두께에 맞추어 홈을 판다.

8 트리머에 평비트를 장착하여 표시된 부분을 파낸다.

9 트리머에 원형 비트를 장착하여 곡선 부분을 모서리 처리한다.

10 수직 지지대에도 곡선을 그려 모양을 내준다.

11 전동 직소로 모양을 따라 자른다.

12 수직 지지대를 받침대 다리에 맞추고 받침대의 높이를 표시한다.

13 트리머에 원형비트를 장착하여 받침대 다리의 모서리를 처리한다. 단, 받침대 발과 연결되는 부분은 제외한다.

14 전동 샌더로 매끄럽게 다듬어준다. 곡선 부분은 직접 사포로 갈아준다.

15 받침대 다리와 발을 연결할 부분에 나사를 박을 구멍을 뚫는다. 그 위에 나무못을 박을 5mm 깊이의 구멍을 뚫는다.

16 홈 안에 접착제를 바른다.

17 받침대 다리와 발을 연결하고 나사로 고정한다.

18 나사 구멍에 나무못을 박아 막는다.

19 전동 샌더로 나무못이 박힌 부분을 매끄럽게 갈아준다.

20 테이블로 쓸 목판 위에 받침대를 조립할 자리를 표시하고, 나사를 박을 구멍을 뚫는다. 그 위에 나무못을 박을 5mm 깊이의 구멍을 뚫는다.

21 받침대를 테이블 면에 장착하고 나사로 고정한다. F형 클램프로 흔들리지 않도록 고정한다.

22 테이블 면 위의 나사 구멍을 나무못으로 막는다.

23 긴 나무 막대를 필요한 길이로 4토막으로 잘라 의자 다리로 사용한다.

24 의자 다리를 목판의 모퉁이에 세우고 위치를 표시한다.

25 표시한 위치에 나사를 박을 자리를 표시한다.

26 표시한 곳에 나사를 박을 구멍을 뚫고 그 위에 나무못을 박을 5mm 깊이의 구멍을 뚫는다.

27 트리머에 원형 비트를 장착하여 의자 다리의 모서리를 다듬는다.

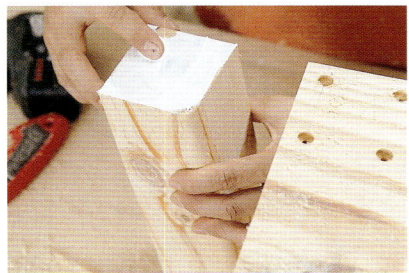

28 의자 다리의 한쪽 면에 접착제를 바르고 목판 귀퉁이에 붙인다.

29 나사로 의자 다리와 목판을 고정한다.

30 나사 구멍을 나무못으로 막는다.

31 전동 샌더로 나무못이 박힌 부분을 매끄럽게 갈아준다.

32 트리머에 원형 비트를 장착하여 의자의 모서리를 변두리 처리한다.

33 키보드 받침대에 파란색 스프레이를 칠한다.

34 의자에 노란색 스프레이를 칠하고 건조시키면 완성!

깔끔한 모래놀이

2인용 모래놀이 테이블

모래놀이의 도구들은 테이블 위에 올려놓으면 된다.

아이들은 모래놀이를 좋아합니다. 모래를 파고 쌓고 모양을 만들면서 창의력을 키울 수 있습니다. 하지만 놀이터의 모래에는 쓰레기가 섞여 있기도 하고 심지어 개의 배설물들도 발견할 수 있어 위생상 좋지 않습니다. 또 바로바로 손을 씻을 수도 없기 때문에 놀이터가 집에서 멀면 더욱 걱정스럽기도 합니다. 나는 소피가 집에서도 모래놀이를 마음껏 즐길 수 있도록 모래놀이 테이블을 구상했습니다. 모래놀이를 하지 않을 때는 뚜껑을 덮어 일반 테이블로 사용할 수 있어 아주 실용적입니다.

테이블 형태로 되어 있어 모래놀이를 할 때 쭈그려 앉을 필요가 없다.

유리 뚜껑을 덮으면 곧바로 테이블로 변신한다.

난이도 ⊙⊙⊙⊙⊙   부품 유리판, 손잡이 2개, 플라스틱 박스

62
87
목판의 두께는 2.5

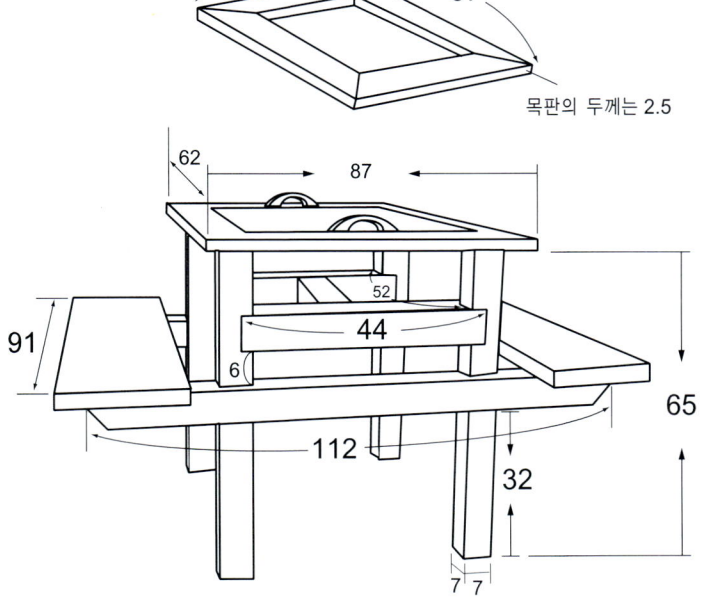

62
87
52
44
6
91
112
65
32
7 7

Step by step!

목재 준비

9개의 정사각형 나무 막대를 준비한다. 그중 4개는 테이블 다리로, 3개는 중앙 지지대로, 가장 긴 2개는 의자 지지대로 사용한다. 설계도를 참고하여 트리머로 막대가 교차하는 부분에 막대 너비와 같은 너비의 홈을 판다. 홈이 파인 곳의 반대쪽에는 나사 구멍을 뚫고, 그 위에 다시 나무못을 박을 5mm 깊이의 구멍을 뚫는다.

1 먼저 중앙 지지대를 조립한다. 3개의 나무 막대를 H모양으로 조립한다.

2 접착제로 먼저 붙인 다음 나사로 고정하고, 나사가 박힌 구멍에는 나무못을 박아준다.

3 중앙 지지대의 네 귀퉁이에 발을 붙인다.

4 발과 지지대를 나사로 고정하고 나사 구멍에 나무못을 박는다.

5 가장 긴 나무 막대 두 개를 양쪽 테이블 다리에 조립한다.

6 트리머에 원형 비트를 장착하여 테이블 지지대의 모서리를 다듬는다.

7 의자 부분으로 쓰일 목판의 네 모서리를 전동 직소로 둥글게 다듬는다.

8 트리머에 원형 비트를 장착하여 모서리를 다듬는다.

9 의자 목판을 의자 지지대 위에 놓고 나사로 고정한다. 나사 구멍에는 나무못을 박는다.

10 전동 샌더로 나사못을 박은 곳을 매끄럽게 다듬는다.

11 플라스틱 박스를 지지대의 중앙에 장착한다.

12 넓은 나무판자를 플라스틱 박스의 크기에 맞게 잘라 테이블의 테두리로 사용한다.

13 트리머에 평비트를 장착하여 테두리 목판의 가장자리에 홈을 판다. 바깥쪽 모든 구멍에 나무못을 박아 넣는다.

14 반대쪽에도 홈을 판다.

15 테두리 목판이 ㅅ·ㄹ 만나는 곳의 중앙에 홈파기용 비트로 홈을 판다.

16 홈을 파면 이런 모양이 된다.

17 홈에 접착제를 바른다.

18 홈을 끼워 조립한다.

19 테두리와 테이블 다리가 만나는 곳에 구멍을 뚫고 나무못을 박을 5mm 깊이의 구멍을 뚫는다.

20 표면의 모든 나사 구멍에 나무못을 박아 넣는다.

21 전동 샌더로 나무못을 박은 부분을 매끄럽게 다듬는다.

22 트리머에 원형 비트를 장착하고 모서리를 처리한다.

23 표면에 염료를 칠한다.

24 마른 걸레로 염료를 골고루 펴바르고, 건조된 후 다시 투명 페인트를 바른다.

25 플라스틱 박스에 모래를 붓는다.

26 테이블 크기에 맞는 유리판을 구입
하여 양쪽에 손잡이를 달아 뚜껑으
로 삼는다.

27 얼핏 보기에는 의자 달린 테이블처
럼 보이지만 뚜껑을 열면 모래놀이
를 할 수 있다.

친근감이 느껴지는 테이블

모자이크 테이블

03

어른들이 쓰는 테이블은 5살 이하의 어린이들한테는 너무 높아서 어른들이 올려주고 내려줘야 합니다. 소피가 혼자서도 테이블을 이용할 수 있도록 저는 우리 집의 전체적인 색상과 비슷한 색깔의 테이블을 디자인 했습니다. 중앙에는 타일을 붙였기 때문에, 어린이들이 음식을 엎어버리더라도 쓱 한 번만 닦으면 금방 깔끔해집니다. 뜨거운 그릇에도 받침판을 깔 필요가 없습니다. 찰흙이나 크레파스 또는 종이접기 놀이도 할 수 있습니다. 이런 테이블은 예쁘고 쉽게 더러워지지 않습니다. 또 높이도 적당해서 모든 어린이들이 좋아하게 됩니다.

정리하기 편하기 때문에 찰흙이나 크레파스 또는 종이접이 놀이나, 음식을 먹거나 뜨거운 그릇을 놓아도 걱정할 필요가 없다.

난이도

부품　타일 40개(두 가지 색으로, 색깔별 20개), 십자 틈새막이, 타일용 찰흙

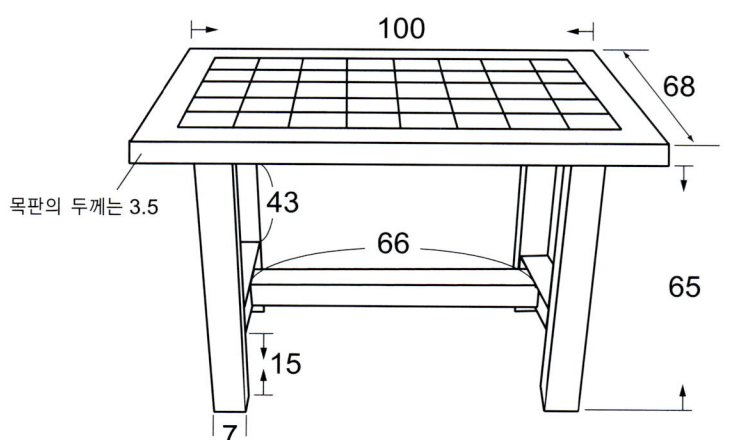

100

68

목판의 두께는 3.5

43

66

65

15

7

테이블을 마당으로 옮기면, 가장 좋은 야외식사용 식탁이 된다.

1 길이가 같은 목판 3개를 측면에 접착제를 발라 병렬로 놓고 L형 목공용 고정기에 나무막대기의 좌우양쪽을 고정시켜서 평평하게 만든다.

2 양쪽 넓은 변에 직선자로 표시하고, 전동직소로 그려진 직선에 따라 자른다. 트리머로 모서리를 처리하면 더욱 곧게 만들 수 있다.

3 목판위에 타일을 5×8로 배열한다.

4 타일들의 사이사이에 십자 틈새막이를 끼워 넣어서 공간을 만든다.

5 타일을 잘 배열했으면, 타일이 배열된 범위를 표시한다.

6 트리머에 직선칼날헤드를 장착하여, 헤드의 길이를 타일의 두께와 같게 조절한다.

7 목판의 타일배열범위 안을 트리머로 홈을 판다.

8 6개의 나무막대기를 준비하여, 너비를 재어 나무막대기에 홈을 파고 하나의 막대기를 다른 막대기 위에 올려놓고 양변을 표시하면 된다.

9 나무막대기를 배열해 F형 목공고정기로 고정시켜 트리머에 직선 칼날헤드로 홈을 넓게 파고 직선자를 고정기에 고정시켜 홈파기 작업을 돕는다.

10 홈파기가 끝난 나무막대기는 그림과 같이 되어야 한다.

11 모든 홈의 뒷면에 위치를 표시하여 작은 구멍을 뚫고 다시 나무못을 넣을 깊이 5mm의 구멍을 겹치게 뚫는다.

12 모든 나무막대기를 테이블다리 4개와, ㄱ형 지지대(긴 것 두 개, 짧은 것 한 개)로 자르고 모든 홈에 접착제를 바른다.

13 지지대를 조립하고 나사로 고정시 킨다. 그리고 다시 테이블 다리의 홈에 끼워 넣고 나사로 고정시킨다.

14 표면에 남은 모든 나사구멍을 나 무못으로 막는다.

15 나무못을 박아 넣고, 나무못이 튀어 나온 곳을 전동 샌더로 간다.

16 테이블의 네 모퉁이에 테이블 다 리와의 접점을 찾아서 작은 구멍 을 뚫고 다시 나무못을 넣을 5mm 깊이의 구멍을 겹치게 뚫는다.

17 테이블 위에 파인 홈 전체에 강력 접착제를 바른다.

18 타일의 반대면에 접착제를 바른다.

19 모든 타일의 사이에 십자 틈새막 이를 끼워서 타일을 잘 배열하여 붙여 넣는다. 두 가지 색을 번갈아 가면서 붙어야 한다.

20 타일용 퍼티에 물을 조금 넣어 진 흙 상태로 만든다.

21 타일용 퍼티를 타일판 위에 올려 놓고, 긁어 펴 발라서 타일의 틈새 에 꽉 차게 한다. 작업을 마치면 젖은 걸레 로 타일판 표면을 닦는다.

22 타일판 변두리 부분의 나무에 투명페 인트를 칠하고 건조시킨다.

23 독특하고 예쁜 타일 식탁 드디어 완성!

04

앉아서도 놀 수 있는

신기한 벤치

시중에서 볼 수 있는 의자는 소피에게는 오르내리기가 버거운 높이입니다. 어린이들이 그런 의자에서 노는 모습을 보고 있노라면 잘못해서 미끄러지면 어쩌나 하는 생각에 조마조마하지 않을 수 없습니다. 앞에서 테이블을 만들었으니 이번에는 의자를 만들어봅시다! 등받이에는 여자아이들이 좋아할 만한 하트모양도 만들고, 소피가 앞으로 몇 년 동안 충분히 사용할 수 있도록 설계했습니다. 높이가 적당해서 더욱 좋아할 것입니다. 만드는 동안 소피도 즐겁게 일을 도왔습니다. 저도 조심스럽게 아이가 작업에 참여할 수 있도록 했습니다. 도색은 소피가 맡았답니다. 지금은 만나는 사람마다 "이 의자는 내가 만든 거예요!"라며 자랑하곤 합니다. 아이에게 성취감을 심어주는 것도 중요한 일이랍니다.

소피가 도와줬는데, 딸은 이 일 때문에 많은 성취감을 느꼈습니다.

 난이도 ☺ ☺ ☺

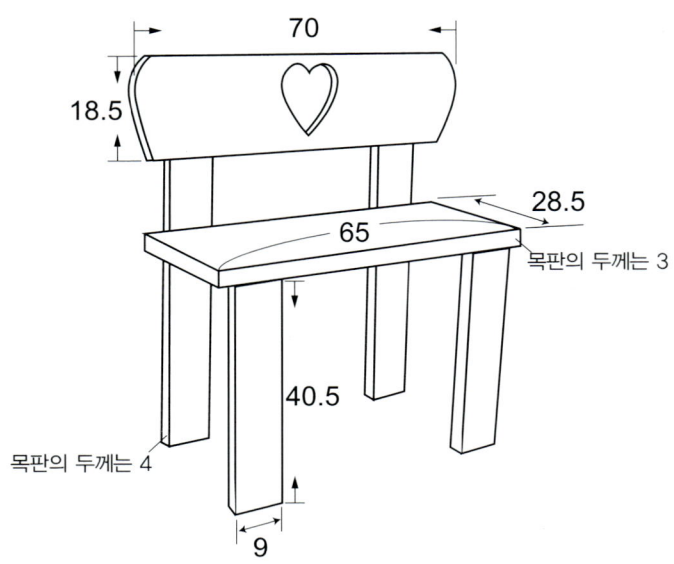

재료 준비

뒷다리

앞다리

등받이

등받이 손잡이

앉을 자리

1 의자다리로 쓸 직사각형 나무막대기를 앉을 자리목판의 한쪽 변의 양쪽 끝에 세워놓고, 나사를 박을 위치를 표시한다.

2 표시한 곳에 작은 구멍을 뚫고 다시 나무못을 넣을 5mm 깊이의 구멍을 겹치게 뚫는다.

3 의자 뒷다리에 자리목판을 조립할 자리와 자리목판의 두께를 표시하고, 표시한 영역 이외의 변은 모두 트리머로 모서리 처리를 한다.

4 등받이 손잡이로 쓸 나무판에 곡선자를 사용하여 곡선을 그린다.

5 전동 직소로 등받이 손잡이를 잘라낸다.

6 등받이로 쓸 목판의 양쪽 끝에 큰 호선을 그린다.

7 등받이로 쓸 목판의 중앙에 하트모양을 그린다.

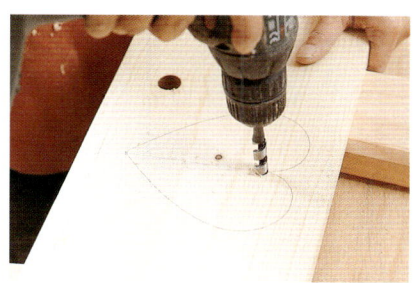

8 하트모양의 맨 위쪽에 먼저 구멍을 하나 뚫는다.

9 전동 직소로 뚫린 구멍에서 시작하여 하트모양을 자른다.

10 트리머에 45도 각헤드를 사용하여 하트모양의 안쪽 변을 모서리 처리한다.

11 준비된 재료는 그림처럼 나사를 박을 위치에 작은 구멍을 뚫고 다시 나무못을 넣을 5mm 깊이의 구멍을 겹치게 뚫는다. 모두 이러한 작업을 거쳐야 한다.

12 의자 앞다리의 위쪽 단면에 접착제를 바른다.

13 의자 앞다리를 앉을 자리목판 앞쪽에 맞추어 나사를 박는다.

14 큰 나사구멍을 나무못으로 막는다.

15 의자 뒷다리를 자리목판의 뒤쪽에 나란히 세워놓고, 의자 뒷면에서부터 나사를 박고 나무못으로 나사구멍을 막는다.

16 의자 뒷다리의 위쪽 단면에 접착제를 바른다.

17 등받이 손잡이를 의자 뒷다리의 위쪽에 붙이고 나사를 박고 다시 나무못으로 막는다.

18 손잡이 아래의 의자 뒷다리 뒷면에 접착제를 바른다.

19 등받이를 의자 뒷다리에 올려놓고 위치를 조절하면서 나사를 박는다.

20 나무못으로 나사구멍을 막는다.

21 나무못이 튀어 나온 곳을 전동 샌더로 처리한다.

22 작품의 모든 모서리는 트리머의 큰 원형헤드로 처리한다.

23 염료로 도색하여 마른 후, 다시 투명페인트를 바르고 건조시킨다.

24 어린이의 키에 알맞은 벤치가 완성!

사랑을 가르쳐주는

컬러풀 강아지 집

05

소피가 다니는 유치원에 언제인지 모르지만 비쩍 마르고 시커먼 강아지 한 마리가 찾아왔습니다. 사이먼은 매번 소피를 학교까지 바래다 줄 때마다 녀석에게 먹이를 주었습니다. 딸은 녀석에게 초코라는 이름까지 지어주었습니다.

주인이 없는 강아지는 항상 여기저기 쫓겨 삽니다. 너무 불쌍해 보여서 저는 선생님과 상의해서, 제가 초코를 데리고 동물병원에 가고 목욕을 시키고 주사를 맞게 했습니다. 이렇게 해서 다른 학부모들도 안심하게 되었습니다. 저는 초코를 위하여 강아지 집을 하나 만들어 주고 싶었습니다. 소피가 친구들과 함께 도색을 한 초코만의 집을 말입니다. 이 기회에 어린이들은 어떻게 동물을 사랑하고 아끼는가를 배우게 될 것입니다. 선생님께서는 초코가 학교 안에 살 수 있다는 것에 대해 아주 감사하게 생각합니다. 초코는 지금 자기만의 편안한 공간이 있을 뿐만 아니라 귀엽고 사랑스러운 어린이 친구들도 있어 행복해 보입니다.

어린이들로 하여금 직접 강아지 집의 도색작업에 참여하게 하여, 함께 만들었다는 기분이 들게 한다.

강아지에게 따뜻한 집이 생겼고, 어린이들은 동물사랑을 배웠다.

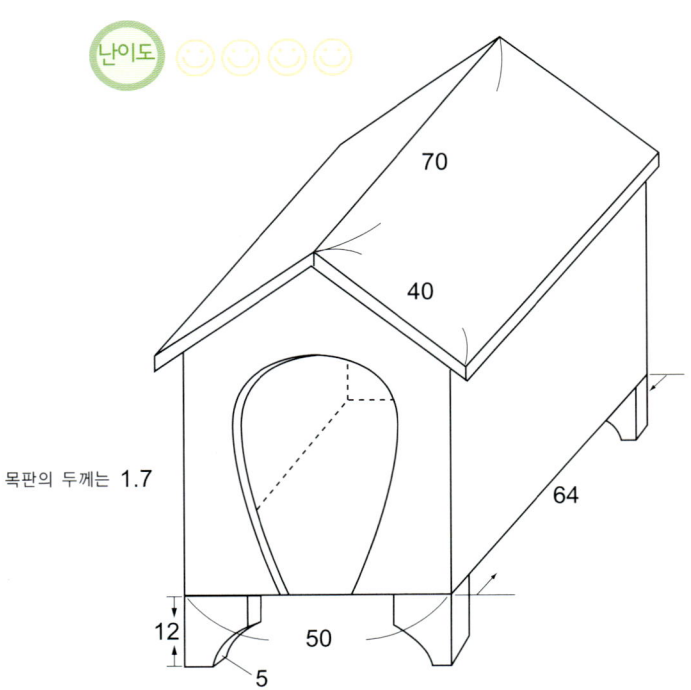

난이도 ☺ ☺ ☺ ☺

목판의 두께는 1.7

70

40

64

12

50

5

1 병렬로 놓아진 나무판 세 개를 목공고 정기로 큰 나무판 하나로 만들고 원형 모양을 써서 강아지 집의 출입구를 그린다.

2 전동 직소로 절단한다.

3 강아지 집 문짝을 다른 큰 나무판에 대어 같은 모양으로 하나 더 그려서 전동 직소로 절단한 후 뒷면 벽으로 사용한다.

4 전동 샌더로 평평하게 처리한다.

5 직사각형의 큰 나무판을 준비하여 강아지 집 바닥으로 사용하고 앞뒤 벽면을 각각 바닥의 양쪽 변에 고정시킨다.

6 나무막대기에 강아지 집의 받침다리를 그린다.

7 전동직소로 받침다리의 모양을 절단한다. 총 4개를 만든다.

8 받침다리의 위쪽 단면에 접착제를 바르고 집의 네 모퉁이에 붙이고 나사로 고정시킨다.

9 그리고 바닥의 길이와 앞뒤 벽면의 높이에 따라 두 개의 옆 벽면을 만든다. 위쪽 변을 45도 사선 단면이 되도록 절단한다.

10 옆 벽면을 앞뒤 벽면 사이에 끼워 넣고 나사로 고정시킨다.

11 트리머의 큰 원형헤드를 사용하여 출입구의 안쪽 변과 바깥쪽 변을 처리한다.

12 강아지 집 전체를 전동 샌더로 평평하게 처리한다.

13 큰 나무판 두 개를 준비하여 지붕으로 사용한다. 한 쪽 변을 단면이 45도인 사선면으로 절단한다.

14 트리머의 45도 각헤드를 사용하여 지붕의 바깥쪽 변을 처리한다.

15 전동 샌더로 평평하게 처리한다.

16 앞뒤 벽면과 옆 벽면의 위쪽 단면에 접착제를 바른다.

17 지붕을 올려놓고 위치를 조절하여 나사로 고정시키고 단면이 사선인 쪽을 안쪽이 되게 조립한다.

18 반대쪽 지붕도 (17)과 같은 방법으로 조립한다.

19 예쁜 강아지 집이 완성!

아이들을 위한
목공 DIY

아이들을 위한

목공 DIY

아·이·들·을·위·한·
목·공·DIY

목·공·D·I·Y